Pelos caminhos da verdade

Pelos caminhos da verdade

Pelo espírito
Madalena

Psicografia de
Márcio Fiorillo

Pelos caminhos da verdade
pelo espírito Madalena
psicografia de Márcio Fiorillo

Copyright @ 2010 by
Lúmen Editorial Ltda.

1ª edição - maio de 2010

Direção editorial: *Celso Maiellari*
Preparação de originais: *Fábio Maxmiliano*
Arte da Capa: *Casa de Ideias*
Projeto Gráfico e diagramação: *Francisco Martins / Casa de Ideias*
Impressão e acabamento: *Cromosete Gráfica*.

Dados Internacionais de Catalogação na Publicação (CIP)
(Câmara Brasileira do Livro, SP, Brasil)

Madalena (Espírito).
  Pelos caminhos da verdade / pelo espírito Madalena ; psicografia
de Márcio Fiorillo. --

São Paulo : Lúmen, 2010

Bibliografia.
ISBN 978-85-7813-029-9

1. Espiritismo – 2. Romance espírita – 3. Psicografia I.
Fiorillo, Márcio. II. Título.

10-04931   CDD-133.9

Índices para catálogo sistemático:
1. Romance espírita : Espiritismo 133.9

LÚMEN
EDITORIAL

Rua Javari, 668
São Paulo - SP
CEP 03112-100
Tel/Fax (0xx11) 3207-1353

visite nosso site: www.lumeneditorial.com.br
fale com a Lúmen: atendimento@lumeneditorial.com.br
departamento de vendas: comercial@lumeneditorial.com.br
contato editorial: editorial@lumeneditorial.com.br

2010

**Proibida a reprodução total ou parcial desta
obra sem prévia autorização da editora**
Impresso no Brasil – *Printed in Brazil*

Dedico esta história a minha mãe, Eugênia Honório, que regressou à verdadeira pátria em março de 2009, ao meu pai, Walter Fiorillo, e meus fiéis amigos e companheiros de caminhada, José Francisco do Carmo e Marlon Hurtado.

O médium

SUMÁRIO

1 Nuvens negras no horizonte 9

2 O cerco se fecha cada vez mais.................27

3 Ódio e vingança.................51

4 Uma luz na escuridão 65

5 Inimigos ocultos se unem.................81

6 A força mágica do coração 89

7 É preciso tomar as rédeas da própria vida 101

8 Os ventos começam a mudar 115

9 Reencontro com o amor 127

10 Reviravolta 142

11 O plano macabro começa a desmoronar.........156

12 Momento de despertar 171

13 Começa a brilhar a chama do entendimento 189

14 Tragédia anunciada.................200

15 Espíritos atormentados.................224

16 Todos colhem o que plantam.................239

17 A verdade começa a vir à tona 251

18 Redenção 268

19 O perdão aquece a alma 283

20 Caso encerrado 295

21 Um brinda à felicidade 318

Epílogo.................325

1

Nuvens negras no horizonte

O dia ensolarado não fez com que Olívia se animasse. Seu rosto pálido e as profundas olheiras denunciavam uma noite maldormida. Ao entrar no escritório em que trabalhava como contadora, deparou com a figura do chefe, que ao vê-la mediu-a de cima a baixo, dizendo em tom nada amistoso:

— A senhora está novamente atrasada. Se continuar assim, serei obrigado a demiti-la.

Olívia respirou fundo. Teve ímpetos de mandar aquele homem às favas, de dizer-lhe o quanto odiava aquele emprego e a forma como ele tratava seus funcionários, mas desistiu. Sua vida estava de ponta-cabeça, e a última coisa que queria era perder aquele emprego. Procurando manter o controle, respondeu:

— Desculpe-me, doutor Francisco! Isso não vai mais se repetir. Prometo compensar o atraso trabalhando depois do expediente.

— Tudo bem. Agora vá trabalhar!

Olívia abriu um sorriso forçado e foi para a sala que dividia com duas colegas. Ao entrar, Sandra a olhou com desdém, dizendo:

— Bom dia! O doutor Francisco está cuspindo fogo. Veio procurar você e...

— Eu já falei com ele – interrompeu-a Olívia, colocando um ponto final no assunto.

Sentou-se à mesa e pegou alguns papéis para analisar. Ivone, a outra moça, ao vê-la com o semblante fechado, comentou:

— Você está abatida. O que aconteceu?

Olívia a fitou, séria. Ivone, ao contrário de Sandra, além de ser sua colega de trabalho, também era amiga confidente. Pensou em esperar que estivessem a sós para conversarem, mas sentia-se nervosa demais para esperar. Precisava desabafar, e naquele momento pouco se importou com a presença de Sandra, respondendo-lhe:

— Briguei com Júlio de novo. Ele chegou em casa de madrugada, bêbado. Eu fingi que dormia, mas Júlio percebeu que eu estava acordada e do nada começou a me xingar, dizendo palavras de baixo calão. Acabamos partindo para a agressão física. Ele me deu um tapa e eu acabei revidando. Foi horrível, tive vontade de matá-lo.

— Ah, minha amiga! Quando vai criar coragem e largar esse homem? – perguntou Ivone, pesarosa.

— Você sabe como sou. Casei-me por amor, jurei perante Deus fidelidade e amor eterno. Não tenho coragem de abandonar Júlio. Ele precisa de mim, e sinto que sem a minha presença acabará caindo em um abismo sem volta.

— Pois se eu fosse você, já teria dado um pontapé no traseiro dele há muito tempo. – Sandra segurava uma lixa de unha.

— Isso nós sabemos. Você já largou dois – respondeu Ivone, secamente.

Olívia, ao se dar conta de que a sala de trabalho mais parecia um salão de cabeleireiro, decidiu pôr um ponto final na discussão, e falou com energia:

— Bom, vamos trabalhar. Temos um longo dia pela frente.

As horas passaram lentamente. Já era quase na hora do almoço quando o telefone da mesa de Olívia tocou. Era a recepcionista, que após receber o consentimento de Olívia, transferiu a ligação para seu ramal. Era Joseval, empregado de Júlio na cafeteria, que, ao ouvir a voz de Olívia, foi logo falando:

— Oi, dona Olívia. Eu gostaria de saber se a senhora sabe onde o patrão está, pois até agora ele não veio trabalhar. Liguei para a casa da senhora e ninguém atende ao telefone.

Olívia sentiu o sangue ferver. Júlio nunca fora irresponsável. Pelo contrário, por mais que chegasse tarde da esbórnia, não deixava de ir trabalhar.

— Era só o que me faltava! Não se preocupe, Joseval. Verei o que está acontecendo. Prometo lhe dar notícias.

Olívia desligou o telefone, nervosa. Estava cansada, não aguentava mais aquela situação. Agora nem em seu trabalho conseguia ficar sossegada sem que algo referente ao marido a incomodasse. Consultou o relógio. Já passara do meio-dia. Iria rapidamente até sua casa para acordar o marido, que na certa teria diversos compromissos a cumprir. Ivone, ao vê-la levantar-se e pegar a bolsa logoa questionou:

— Aonde você vai?

— Até minha casa. O traste do meu marido ainda deve estar dormindo.

— Mas você não mora perto daqui. Levará no mínimo duas horas entre ir e voltar. Eu vim trabalhar de carro. Posso levá-la até lá, assim ganhará tempo até para comer alguma coisa pela rua.

Olívia não recusou a carona. Assim, as duas saíram do escritório juntas e em pouco mais de vinte minutos Ivone parou o automóvel em frente à casa da amiga, que antes de descer do carro comentou:

— Nem vou convidá-la para entrar, pois o clima está pesado. Não quero que presencie uma possível discussão entre nós.

— Não tem problema! Eu espero aqui. – Ivone sorriu.

Olívia desceu do veículo. Após procurar o molho de chaves na bolsa, abriu o portão e caminhou por um longo corredor até parar em frente à porta da sala. A casa estava silenciosa. Quando Olívia adentrou o recinto, sentiu um arrepio.

Caminhou devagar até o quarto. Encontrou a porta entreaberta. Ia entrando quando seus olhos encontraram a figura de Júlio deitado na cama, com uma faca cravada no peito. Havia uma poça de sangue no leito; o cheiro era forte devido ao calor que fazia naquele dia e porque o quarto estava fechado. Por um momento, Olívia achou que ia desmaiar, mas controlou-se, aproximou-se da cama para ter certeza de que seus olhos não a enganavam e pôs-se a gritar.

Em poucos segundos, Ivone, atraída pelos gritos da amiga, veio ter com ela. Ao ver o que acontecera, não pensou duas vezes: correu até a sala e chamou a polícia. Em seguida, tirou a amiga do quarto, que, muda, a acompanhou até o outro cômodo.

Não demorou muito e a polícia chegou ao local. Aos poucos os vizinhos foram saindo de suas casas, formando uma confusão nas ruas. Ivone, ao ver o policial, foi logo dizendo freneticamente:

— Nós chegamos aqui e ele estava morto. Oh, meu Deus, foi horrível!

O policial respirou fundo. Acostumara-se a lidar com aquele tipo de situação, principalmente com pessoas em estado de choque. Em seguida, perguntou em um tom que procurou manter sereno:

— Eu quero que a senhora me diga o seu nome e o que presenciou.

Ivone pôs-se a falar. O policial anotava suas palavras para o inquérito, procurando saber mais detalhes sobre o que ela vira.

Enquanto isso, não longe dali, Roberto batia com a mão no volante do carro. O trânsito era intenso. Mário, ao seu lado, brincou:

— Ei, calma aí! Desse jeito vai se machucar e não conseguirá tirar as fotos para a reportagem.

— Não se preocupe. O que quero é chegar logo na frente da casa. Vá por mim! Minha intuição diz que esse crime vai virar primeira página em todos os jornais — respondeu, mais aliviado ao mudar a marcha assim que o trânsito finalmente começou a andar.

— Tomara! Faz tempo que não consigo uma reportagem de primeira página.

Roberto nada comentou. Queria tanto chegar logo ao local que por sua mente não passava outra coisa. Em poucos minutos entraram na rua, repleta cheia de curiosos.

Estacionou, pegou a máquina fotográfica e desceu. Mário, ao ver que não havia nenhum carro da imprensa, sorriu internamente e seguiu em direção a alguns policiais.

Mário era repórter investigativo de um popular jornal local, por isso conhecia vários policiais. Ao se aproximar do grupo, um deles foi logo dizendo:

— Chegou o primeiro urubu.

— Não vejo mais graça nessa sua piadinha, Antônio. Toda vez que o vejo, você solta essa. – Mário, com um meio sorriso nos lábios, cumprimentou o conhecido. – Mas me diga o que houve aqui – tornou ele, com um olhar indagador.

Antônio pôs-se a falar o que sabia até o momento. Mário, com o gravador ligado, registrou tudo o que precisava.

Passava das duas horas da tarde quando a perícia técnica chegou a casa.

Roberto estava radiante, adorava aquele trabalho. Conseguira material de sobra para a reportagem. Olhou a sua volta. Devido ao grande número de pessoas que circulavam no local, demorou um pouco até encontrar Mário. Decidido, foi em sua direção, comentando:

— Já tenho tudo de que preciso e ainda consegui uma foto da viúva ao lado de um policial. E você?

— Cara, você não acredita! Esse crime vai dar o que falar. Eu já tenho a versão da viúva e de sua amiga, mas uma vizinha me passou uma informação bombástica. Creio que nem a polícia ainda tenha ouvido essa mulher.

— Você é terrível, Mário. Depois quero ler sua reportagem antes de mandar para a redação.

Mário riu. Estava realmente feliz. Formara-se em jornalismo há muitos anos e desde então optou por trabalhar na área investigativa. Fez vários cursos, até de detetive. Amava o seu trabalho.

A princípio pensava nas famílias das pessoas envolvidas em crimes hediondos, pois não poupava ninguém com suas reportagens sempre sensacionalistas e sem preocupação nenhuma com a verdade dos fatos, mas com o tempo passou a se manter alheio a esses pensamentos. Dizia sempre a si mesmo que aquele era o seu trabalho e que não era problema seu os sentimentos dos outros.

A tarde passou sem que eles percebessem. Caía a noite quando o corpo carnal de Júlio foi levado ao Instituto Médico Legal, e por isso os curiosos voltaram para suas residências.

Após as onze horas da noite, Mário entrou em casa cantarolando. Sentia-se feliz, tivera um dia e tanto. Dona Augusta, ao ver o filho entrar todo alegre, quis saber:

— O que aconteceu? Você está irradiando felicidade.

— Mãe, acabei de chegar da redação, fui cobrir uma matéria hoje que me garantiu a primeira página.

— Nossa! Quem foi assassinado dessa vez? Algum político? Pois você só consegue primeira página dessa maneira – interveio Felipe, seu irmão, que escutara a conversa ao vir da cozinha.

— Pois você é invejoso mesmo! Pelo menos eu me destaco no trabalho. E você, que não passa de um recémformado em odontologia, sem ao menos ter um consultório para trabalhar como empregado! – Mário se sentou no sofá, ao lado da mãe.

— Posso até não ter emprego, mas não vivo feliz pela desgraça alheia.

Mário ia retrucar. Odiava quando Felipe lhe dizia isso. Dona Augusta, ao perceber que o clima ia esquentar entre os irmãos, decidiu pôr um ponto final na discussão:

— Parem com isso! Já falei que não quero bate-boca entre vocês. Cada um escolheu a profissão que achou conveniente e quero que se respeitem.

Felipe deu de ombros e foi para o seu quarto. Augusta, ao se ver a sós com o filho mais velho, comentou:

— Seu irmão anda deprimido por ainda não ter arrumado um emprego na sua área, sabe? Não temos condições de lhe dar um consultório com os equipamentos necessários parar ele clinicar, por isso não quero que fique falando essas coisas para Felipe.

— Ele me provocou. A senhora é testemunha. O problema de Felipe é que ele não quer admitir que eu sou melhor do que ele em tudo.

Mário se levantou, deu um leve beijo na face rosada da mãe e foi para seu quarto. Após tomar um longo banho, colocou seu pijama e deitou-se na cama, mas não conseguiu dormir. Estava eufórico demais para conciliar o sono. A madrugada ia alta quando finalmente adormeceu.

Em poucos minutos, viu-se em uma casa velha, com pouca iluminação. Teve ímpetos de sair correndo, mas uma força que não imaginava de onde vinha o segurou ali. Foi quando ouviu uma voz dizer:

— Seu safado! Você vai me pagar. Por sua causa fui acusado injustamente, pagando por um crime que não cometi, mas você vai ver!

— Quem é você? O que quer de mim? – perguntou Mário, andando de um lado para o outro, procurando encontrar uma saída.

— Não lhe interessa. Mas preste atenção! Você fará de tudo para que Olívia seja presa por matar o marido.

Mário tentou argumentar, mas não conseguia falar. Sentiu a garganta presa a acabou acordando. Com o rosto suado, olhou ao redor e sentiu-se aliviado por ter despertado. Lembrou-se das palavras que ouvira no sonho e disse a si mesmo:

— Na certa você ficou impressionado com o que houve. Não é nada demais. Volte a dormir.

Em seguida, virou-se e voltou a adormecer.

O dia mal amanheceu e Mário já estava de pé, preparando o café da manhã na cozinha. Quando a campainha soou, correu para abrir a porta. Era Roberto, segurando o jornal. Ao ver o amigo, entregou-o para ele e entrou, dizendo:

— Imaginei que acordaria cedo, por isso resolvi vir lhe entregar o jornal e tomar um café fresco, é claro.

Mário retornou à cozinha, sendo acompanhado por Roberto, que ao sentir o cheiro gostoso do café pegou o bule e serviu-se de uma xícara do líquido quente, enquanto Mário sentava-se na cadeira para ver mais uma reportagem sua.

A matéria estava de fato na primeira página, com uma foto de Olívia conversando com um policial, ao lado da manchete: "Comerciante morto a facada em sua cama. Polícia averigua a esposa".

Mário leu toda a matéria, comentando em seguida:

— Cara, ficou muito bom isto aqui! Ah, e sua foto também, é claro!

— Obrigado! A propósito, marcaram o enterro para as duas horas da tarde. O velório vai ser rápido. Parece que a viúva quer se livrar logo do cadáver.

— Ótimo! Você já sabe onde será? Precisamos chegar antes para garantirmos um bom lugar para as fotos.

Roberto ia responder, mas foi interrompido pela presença de Felipe, que entrou na cozinha dizendo:

— Vocês não dormem, não? Não são nem seis horas da manhã. Ou dormiram juntos?

— Não acho graça. Por que você não fica na sua, hein, Felipe?

Felipe deu de ombros, pegou um copo, encheu de água e voltou para o seu quarto. Em poucos minutos foi a vez de Augusta entrar na cozinha. Ao ver Roberto, cumprimentou-o cordialmente. Os três passaram a conversar, animados. Augusta leu a matéria que o filho escrevera, e disse em seguida:

— Nossa, Mário! Se o que você escreveu for verdade, tudo leva a crer que foi a mulher quem o matou.

— Eu não tenho dúvidas, mas esse caso ainda dará pano pra manga, e eu vou atrás de novos fatos e notícias exclusivas que vão me render muitas primeiras páginas; com as fotos de Roberto, lógico.

Augusta ficou pensativa. Olhou fixo para a foto de Olívia no jornal, lembrando-se da vida que levara ao lado de João, seu marido. Ela o amava, mas muitas vezes, por uma briguinha ou outra, sentia vontade de se separar. Quando João morreu, Augusta sentiu que uma parte de seu coração fora enterrada junto. Não podia acreditar que aquela mulher na foto, com o semblante demonstrando sofrimento, pudesse ter assassinado o marido, e com esses pensamentos, pediu ao filho:

— Mário, vá com calma! Sua reportagem está ótima, mas com a tendência clara de acusar essa mulher. Procure ser mais cauteloso ao passar certas informações.

Mário fitou Roberto, que baixou a cabeça, e respondeu:

— Tudo bem, mamãe. Prometo ter prudência. Agora tenho de ir. Não me espere tão cedo.

Mário beijou a mãe e saiu acompanhado por Roberto.

No carro, a caminho do cemitério, comentou com o amigo, que dirigia calado:

— Você está com o pensamento longe. Aposto que pensando no que minha mãe falou.

— É, estou sim, e acho que sua mãe tem razão – afirmou Roberto, sem tirar os olhos da direção.

— Deixe de ser maricas! Minha mãe, como a maioria das pessoas, age com o coração. Nós da imprensa devemos ser movidos pela razão e os fatos. O que escrevi na minha reportagem foi suposição baseada em relatos de uma testemunha que disse ter ouvido os dois discutirem de madrugada, o que nos leva a crer no mínimo que a esposa deva ser averiguada nesse crime. Eu digo averiguada por enquanto, pois em pouco tempo passará a ser suspeita, você verá.

Roberto não respondeu. Mário tinha razão. Eles estavam fazendo seu papel, e mais nada. Com isso em mente, dirigiu o automóvel, sem mais tocar no assunto.

Olívia acordou sobressaltada. Olhou a sua volta e pôde constatar que não estava em seu quarto. Foi quando se lembrou do que acontecera na véspera e de estar na casa de Ivone. Passou levemente a mão na testa e levantou-se. Foi ao banheiro e tomou um demorado banho, que a fez sentir-se um pouco melhor. Ao sair, envolveu-se em uma toalha e se dirigiu à, onde Ivone tomava seu café da manhã. A amiga, ao vê-la, foi logo dizendo:

— Bom dia, Olívia! Se é que posso dizer assim. Eu pensei em acordá-la, mas você estava em sono pesado e achei melhor esperar mais um pouco. Eu liguei para o celular do doutor Edson. Ele me disse que já cuidou de todos os pormenores do enterro e que conseguiu o horário definido por você para o sepultamento.

— Obrigada, amiga! Não sei o que seria de mim sem você e sem esse seu amigo, que nem me conhece e está me ajudando tanto.

— O doutor Edson é do bem, sempre ajuda o próximo. Ontem, com aquele tumulto de polícia, repórter querendo entrevista e tudo o mais, fiquei sem saber o que fazer. Lembrei-me do doutor, e graças a Deus ele está nos ajudando. Agora, sente-se! Sei que deve estar sem fome, mas tente tomar um pouco de leite quente, que lhe fará bem.

Olívia obedeceu. Sentia o estômago embrulhado, mas sorveu alguns goles de leite. Precisava ser forte, e para isso, alimentar-se era essencial. O dia estava apenas começando, e ela sabia que não seriam fáceis as próximas horas.

Sérgio se levantou, animado, e foi ao banheiro. Olhou-se no espelho, passou a mão no rosto. A pele lisa demonstrava que ele não precisaria se barbear. Sentiu um certo alívio e foi tomar uma ducha.

Ele era moreno claro, alto, olhos amendoados, cabelo curto, um pouco ondulado, e tinha uma covinha no queixo que deixava seu belo rosto ainda mais sedutor. Era policial civil. Trabalhava como investigador havia mais de seis anos. Adorava sua profissão, esforçava-se com afinco para esclarecer casos muitas vezes tidos como insolúveis.

Em poucos minutos chegou à copa, já devidamente vestido para o trabalho, onde Jurema, a empregada, servia o café para o seu pai, Luiz. Este, ao ver o semblante leve do filho, comentou entre um gole de café e outro:

— Bom dia, Sérgio! Não sei como consegue trabalhar horas a fio. Dorme tarde e ainda acorda com disposição.

— Faço o que gosto, papai, o que me dá prazer em me levantar para ir ao trabalho. – Sentou-se à mesa.

Jurema tratou de colocar seu café com leite. Sérgio, ao vê-la séria, brincou:

— O que houve, Jurema? Você está triste?

— Bom dia pra você também, meu filho! Olha, seu Luiz, nosso menino não é mais o mesmo. Nem bom dia dá mais.

Sérgio não se conteve, ficou de pé e a abraçou carinhosamente, enchendo sua face de beijos, dizendo em seguida:

— Desculpe-me, Juju! É que estou com a cabeça longe.

Luiz pegou o jornal que estava ao seu lado sobre a cadeira e o entregou para Sérgio, questionando:

— É esse o motivo de seus pensamentos?

Sérgio pegou o exemplar. Ao ver a foto de Olívia na primeira página, irritou-se, e leu rapidamente toda a matéria. Ao terminar, balançou a cabeça, comentando:

— Às vezes sou contra a liberdade de expressão. Detesto quando a imprensa age desse jeito. O senhor leu o que está escrito aqui?

— Sim. – Luiz o encarou. – Segundo o repórter que cobriu a matéria, Olívia é suspeita de ter matado o marido.

— Está vendo? E pela sua fisionomia, o senhor está inclinado a ter a mesma opinião.

— Sim. A matéria foi bem escrita. A casa não foi arrombada, a vizinha ouviu o casal brigar de madrugada. Tudo leva a crer que essa tal Olívia, talvez fora de si, pôs fim na vida do marido. Isso é mais comum do que se imagina.

Sérgio respirou fundo, indignado com a opinião do pai.

— É, mas para nós isso não basta para incriminar uma pessoa. Já ajudei a solucionar casos em que os suspeitos, no final das investigações, foram considerados inocentes. Isso depois de a imprensa tê-los julgado e condenado, pai, fazendo com que a opinião pública se voltasse contra eles. E, depois de consideradas inocentes, nem uma nota a respeito sai nos jornais.

— Ora, Sérgio! Estamos em um mundo em que as informações surgem em tempo real. Temos Internet e tantos outros meios de comunicação. O jornalismo tem de ser sensacionalista se quiser vender. As pessoas gostam desse tipo de matéria. Eu mesmo estou curioso de saber o desfecho desse caso.

— Pois eu rezo para essa mulher ter paz de espírito, coitada, tendo ela matado o marido ou não. – Com seu comentário, Jurema deixou o policial sem ter o que falar.

Sérgio terminou calado seu desjejum, deu um beijo em Jurema e um abraço no pai, e os deixou perdidos em seus pensamentos.

Sandra passou as mãos nos cabelos, procurando ajeitar o penteado em frente ao espelho. Após passar o batom, sorriu. Estava linda. Um brilho indefinido passou em seus olhos ao dizer em voz alta a si mesma:

— Sandra, você é terrível! É por isso que eu te amo. Hoje vai ser um grande dia.

Olhou para o relógio de pulso. Já estava em cima da hora, não queria chegar atrasada ao trabalho. Tinha um grande dia pela frente. Em poucos minutos entrou em seu automóvel.

Sandra era loira, alta, corpo delineado, olhos azuis. Estava lindamente vestida com um conjunto de saia e blusa cinza-escuro, apropriado para a ocasião.

Em pouco mais de vinte minutos parou o automóvel no estacionamento da empresa. Ao entrar no escritório, percebeu os olhares masculinos voltados para ela, mas não deu atenção. Precisava mostrar um ar de tristeza. Sabia que Olívia era querida por todos do departamento e com certeza estariam solidários a sua dor. Não poderia demonstrar o alívio que sentia com a morte de Júlio.

E com essa disposição entrou na sala de Francisco. Após ligeira batida na porta, disse com entonação triste:

— Bom dia, doutor Francisco! Vim saber como será o horário do expediente hoje.

— Péssimo dia, a senhora quer dizer? Quanto a sua pergunta, eu conversei com o pessoal do departamento e todos foram unânimes. Querem prestar solidariedade a dona Olívia, portanto só trabalharemos na parte da manhã, mas vamos compensar no sábado próximo essas horas perdidas – afirmou Francisco, com cara de poucos amigos.

Sandra, percebendo que não era o momento de esticar a conversa, procurou ser breve:

— Sim, senhor! Por mim, tudo bem. Com licença, vou para a minha sala tentar adiantar o trabalho.

Francisco não respondeu, estava mal-humorado demais para falar qualquer coisa.

Ao fechar a porta de sua sala, Sandra se sentou à mesa, dizendo a si mesma:

— Que povinho chato! Ter de trabalhar no sábado só para marcar presença no enterro de alguém que eles nem conhecem. A quem querem enganar? Solidários, sei! O que querem é fazer fofoca, ficar por dentro do assunto, isso sim.

Sandra riu, desdenhosa da situação, e pôs-se a trabalhar, pois precisava mostrar ao chefe que estava acima desse tipo de sentimentalismo. Afinal, como profissional séria, deixava de lado suas emoções para focalizar a atenção no trabalho. Com esses pensamentos, pôs-se a se concentrar em seus afazeres, colocando em ordem todas as tarefas do dia ao seu alcance, no intuito de acabá-las antes do meio-dia.

2

O CERCO SE FECHA CADA VEZ MAIS

Passava das duas da tarde quando o caixão com o corpo carnal de Júlio chegou ao velório do cemitério. A imprensa se encontrava do lado de fora. Na sala, Olívia, junto de Ivone, conversava com um amigo que fora levar os seus pêsames.

Sandra sozinha chegou ao local. Ao ver Olívia, foi ao seu encontro e a abraçou, dizendo em tom que procurou tornar o mais amável possível:

— Ah, querida, que coisa triste! Estou sem palavras, tamanho o drama. Quero que saiba que pode contar comigo para o que precisar.

— Obrigada! – respondeu Olívia, sem entusiasmo.

A um canto, Sérgio observava a cena. Ele fora ao local à paisana, procurando ficar em um canto discreto, sem chamar muita atenção. Por sua experiência em investigação, acreditava que, em um crime como aquele, o assassino quase sempre era alguém muito próximo à vítima e por isso geralmente participava da cerimônia de sepultamento, no intuito de não levantar suspeitas.

Pôs-se a observar todos; olhou com atenção quando um casal se aproximou da viúva. Pelos trajes, demonstravam ser pessoas simples. Os dois estavam de mãos dadas, o que indicava sem dúvida estarem juntos. Quando se aproximaram do caixão, ficaram em silêncio.

A cerimônia transcorreu sem maiores contratempos, e pouco a pouco o cemitério foi ficando vazio. Sérgio já estava saindo quando Mário se aproximou com um gravador, e, ao vê-lo, foi logo dizendo:

— Não vem, não, Mário! De mim você não vai tirar nenhuma informação.

— Ora, Sérgio, deixe disso! Só estou fazendo o meu trabalho. Diga-me só uma coisa. Você acha que foi Olívia quem matou o marido?

— Não acho nada. A propósito, li sua reportagem e não preciso nem falar minha opinião a respeito. Agora, com licença!

Sérgio rodou nos calcanhares e saiu, deixando Mário falando sozinho. Roberto, que pôde ouvir a conversa, aproximou-se, comentando:

— Esse é casca de ferida. Tantos investigadores e logo ele pegou o caso.

— Nem tudo é perfeito, mas não se preocupe! Tenho uma carta na manga que ninguém tem.

Roberto abriu um sorriso. Conhecia bem o amigo a ponto de saber que ele não estava blefando. Em poucos minutos saíram do local conversando sobre a próxima matéria, sem se preocuparem com mais nada. O que eles não puderam ver foi uma sombra escura que os seguia, envolvendo-os em suas energias carregadas de ódio.

Alguns dias depois...

A tarde gelada anunciava o início de outono, fazendo Sandra tremer com o vento. Ao sair de seu automóvel em um bairro afastado, olhou ao redor. Não gostava daquele lugar, sentia arrepios toda vez que ia até ali, mas era naquele local que estava conseguindo alcançar os seus intuitos.

Andou alguns passos até parar em frente a uma singela casa, onde havia uma placa de madeira no portão com os seguintes dizeres: "Mãe Maria, vidente e cartomante. Consulta espiritual com hora marcada".

Sandra abriu o portão e entrou. Já conhecia bem o lugar. Andou por um pequeno corredor até parar em uma área onde havia algumas cadeiras colocadas e sentou-se. Em poucos minutos, viu a figura de Rosa aparecer à sua frente, cumprimentando:

— Olá, Sandra! Como tem passado?

— Bem! – respondeu, com um sorriso nos lábios.

Rosa era jovem, estatura baixa, corpo franzino, olhos grandes, bem diferente de Sandra, o que a fazia sentir uma ponta de inveja. Ela era filha de mãe Maria e estava incumbida de receber os seus clientes e tratá-los bem, por isso procurou ser solícita ao oferecer:

— Você quer um café, uma água?

— Não, obrigada. Será que dona Maria vai demorar para me atender?

— Creio que não. Ela está terminando uma consulta. Mas fique à vontade e, se precisar de algo, é só me chamar. Volto assim que mãe Maria estiver disponível.

A moça virou as costas e saiu, deixando Sandra apreensiva. Voltou minutos depois e a conduziu ao outro cômodo, onde mãe Maria a aguardava sentada. Sandra respirou fundo. A sala estava em penumbra, e o cheiro de incenso lhe causou uma leve tontura. Procurando ser breve, sentou-se, dizendo:

— Olá, mãe Maria! Obrigada por me atender hoje.

Maria abriu um sorriso.

— Já passou do meu horário de atendimento, Sandra. Só abri essa exceção por você. Agora me diga, o que a faz vir me procurar fora do horário?

— Sabe o que é? – respondeu ela, com voz quase infantil. – Não sei se a senhora lê jornal, mas...

— Sei! A moça que você quer destruir vem sendo investigada pela morte do marido. Não sou burra. O caso está em todos os jornais e na televisão, portanto associei o nome à pessoa. Mas o que tem ela? – Maria procurava encurtar o assunto.

— Olha, serei sincera. A senhora prometeu que ela sairia da empresa o mais rápido possível, mas até agora nada. Nem com a morte do marido e as suspeitas que recaem sobre essa mulher o doutor Francisco a despediu. Ao contrário, estão todos solidários àquela sem graça.

Sandra fez uma pequena pausa para jogar os cabelos para o lado, num gesto que lhe era peculiar, antes de continuar:

— Mas não é só isso.

Ela olhou para os lados para certificar-se de que não havia mais ninguém na sala, e relatou a Maria o desabafo de Olívia no dia do homicídio, finalizando:

— Então eu gostaria de saber se devo contar isso à polícia ou não, pois fui chamada a depor amanhã cedo.

Maria ponderou por alguns instantes e indagou:

— Você acha que ela seria capaz de matar o marido?

Sandra remexeu-se na cadeira, abrindo um largo sorriso.

— Claro que não! Olívia é toda boazinha. Sabe aquele tipo de pessoa coitadinha, sofredorazinha, sempre deixando suas vontades de lado para ajudar o próximo, toda anulada? Credo! Ai, detesto gente assim. E com isso, todos se apiedam dela, judiação! Menos eu, é claro.

Maria fechou os olhos no intuito de se comunicar com os espíritos que trabalhavam com ela. Após alguns segundos, suspirou profundamente e, muito séria, respondeu:

— Você veio nos pedir ajuda por querer tirar Olívia do seu caminho. Pois bem! Estamos fazendo isso, mas você deve fazer sua parte quando for depor. Carregue nas cores do que ouviu da própria Olívia naquele dia e faça com que eles não tenham mais dúvidas sobre quem cometeu o assassinato, depois deixe com a gente. Muito em breve o cargo dela passará a ser seu.

Outro profundo suspiro escapou da boca de Maria, que ao abrir os olhos, fez uma careta ao falar:

— Você já ouviu o que precisava. Agora vá! Estou cansada.

Sandra levantou-se após tirar uma nota de cinquenta reais da bolsa e colocar na mesa. Despediu-se de Maria e se foi. No caminho de volta, sentia o gostinho da vingança próxima.

Lembrou-se do dia em que Olívia fora contratada para trabalhar na empresa. Rebeca, sua chefe na época, estava para se aposentar. Tudo levava a crer que, com a aposentadoria, Sandra ocuparia o seu lugar, uma vez que trabalhava havia mais tempo no departamento e era muito eficiente.

Mas Olívia começou a se destacar, e em pouco tempo fez amizade com todos. Mostrava-se atenciosa e muito competente, não medindo esforços para realizar todas as tarefas sem deixar nenhuma falha. Quando Rebeca se aposentou, o doutor Francisco não pensou duas vezes e promoveu Olívia a chefe, contratando Ivone para ocupar o seu lugar.

Sandra trincou os dentes ao rememorar o passado, dizendo a si mesma:

— Agora é sua vez de brilhar, poderosa. Nada nem ninguém vai impedi-la.

Sandra riu prazerosamente e ligou o som do carro, colocou um CD e pôs-se a cantarolar, curtindo o seu momento de felicidade, sentindo que logo estaria no posto que julgava seu de direito.

Nilma viu Sandra tirar o dinheiro da bolsa e entregar a Maria. Fora ela quem falara através da médium pela psicofonia. Nilma era a comandante daquela casa no plano espiritual, uma mulher elegante, bonita, morena clara. Comandava a equipe com que trabalhava com eficiência, ninguém ousava desafiá-la. Todos sabiam o que ela era capaz de fazer quando contrariada.

Maria fechou o salão, dando por encerrados os trabalhos daquele dia, enquanto Nilma chamava mentalmente o espírito de Lucas, que rápido apareceu a sua frente, dizendo:

— Desculpe! Sei que deveria ter vindo antes, mas não deu. Arnom está uma fera e não me deixou sair.

Nilma mordeu o lábio em sinal de nervosismo. Não estava gostando da maneira como Arnom conduzia as coisas. Lucas, ao perceber o que ia em seu íntimo, falou:

— Olha, Nilma, a situação na casa de Olívia vai de mal a pior. Arnom, agora que conseguiu se vingar de Júlio, está a ponto de enlouquecer.

— Esse é o meu medo. Temo que ele coloque tudo a perder. – Nilma se mostrava preocupada. – Mas me diga! Você vem acompanhando Olívia como combinado?

— Sim. Ela anda depressiva. Tornou-se presa fácil para mim. Aquela amiga dela é que é difícil, está sempre de bom humor, mantém bons pensamentos, o que dificulta o meu trabalho. Sem contar Arnom. Às vezes acho que não deveríamos ter nos aliado a ele.

— Deixe de ser medroso! Quando pegamos o caso da Sandra, Arnom já estava na casa de Olívia planejando sua vingança. O que íamos fazer?

— Não sei. O melhor seria não termos nos metido nisso. – Lucas balançou a cabeça.

Nilma, procurando manter a calma, contemporizou:

— Bem, não se deve chorar pelo leite derramado. Agora temos de ir até o fim, mesmo porque Sandra não sossegará enquanto não conseguir a sua promoção. Agora volte para junto de Olívia e me mantenha informada.

Lucas assentiu e sumiu das vistas de Nilma, que foi cuidar de outros casos, esquecendo-se momentaneamente deste.

Caía uma forte chuva quando Edson chegou à casa de Ivone, que ao vê-lo o fez entrar, cumprimentando-o amavelmente:

— Sente-se, Edson, vou chamar Olívia. A pobre está inconsolável, só quer saber de ficar deitada.

Ivone deixou Edson e foi ao quarto. Ao ver Olívia deitada na cama, com o olhar perdido no espaço, chamou sua atenção:

— Edson veio visitá-la e está a sua espera na sala.

Olívia se levantou. Não se sentia disposta, mas não podia deixar de atendê-lo. Edson se mostrava amigo, e ela precisava de seus préstimos. Assim, foi até a sala, onde, após cumprimentá-lo, sentou-se ao seu lado. Ivone, a pretexto de deixá-los à vontade, comentou:

— Vou à cozinha preparar um café. Se precisarem de mim, é só chamar.

— Obrigado. – E Edson se voltou para Olívia, indo direto ao assunto: – Bem, Olívia, eu tomei a liberdade de ir à delegacia para tentar saber a quantas anda o inquérito sobre a morte de Júlio, e é por isso que vim lhe falar.

Olívia passou a mão no rosto, ansiosa. Estava cansada, esgotada. Além de perder o marido, ainda teria de provar que não o matara.

— E o que o senhor tem para me dizer? – perguntou, quase chorando.

— A investigação caminha a esmo. Estão sendo interrogadas as pessoas ligadas ao seu marido e a você, enquanto a polícia aguarda os laudos da perícia. Mas tenho de ser honesto. Pelo que pude perceber, o delegado está inclinado a acreditar que foi você quem cometeu o crime.

Olívia abriu um sorriso triste ao indagar:

— E o senhor, o que acha?

Edson a fitou por instantes, querendo ler o que sua alma dizia através de seus olhos, antes de lhe responder:

— Eu sou advogado, estou acostumado a ouvir assassinos se declararem inocentes, assim como a polícia também. Agora, se eu for avaliar os indícios, diria que você cometeu o homicídio; porém seus olhos demonstram sinceridade, o que me leva a crer que é inocente.

— Com licença! – Ivone os interrompeu, aproximando-se com uma bandeja nas mãos.

— Sente-se conosco. Você é minha amiga, não temos segredos. – pediu Olívia, ao ver a amiga colocar café nas xícaras e fazer menção de sair.

Ivone abriu um singelo sorriso e sentou-se. Edson pegou a xícara de café e, após tomar um gole, tornou a falar:

— Bem... Ah! O que eu gostaria de saber é se você vai querer ou não os meus préstimos como advogado.

— Como assim? O senhor não está me ajudando?

Edson viu da inocência de Olívia.

— Você disse bem. Estou apenas ajudando. Não posso advogar a seu favor sem o seu consentimento. Para isso você vai precisar assinar alguns papéis me autorizando.

— Eu bem que gostaria, mas...

Olívia fez uma pequena pausa antes de prosseguir:

— Não tenho condições financeiras para contratar um profissional do seu gabarito. Estou afastada do meu emprego, e a cafeteria, o negócio que eu e Júlio montamos, está por conta dos funcionários.

Olívia se calou, sentindo um nó na garganta. Edson, procurando fazê-la manter a serenidade, respondeu:

— Você tem de reagir. Nem tudo está perdido. Sei que passa por um momento delicado, mas ficar trancada dentro do quarto ou chorando o tempo todo de nada vai ajudar. Não é hora para pessimismo. Quanto aos meus préstimos, não vou cobrar honorários, e trabalharei para provar a sua inocência. Farei minha parte e, como forma de pagamento, quero que faça a sua.

Olívia não respondeu. Lágrimas copiosas começaram a brotar dos seus olhos, e ela saiu correndo para o quarto. Ivone, ao vê-la se afastar, comentou:

— Peço-lhe desculpas por ela. Olívia está muito sensível.

— Eu entendo, mas não acho que fugir para o quarto irá ajudá-la. Não se preocupe! Amanhã eu volto e conversaremos melhor.

Ivone sorriu-lhe.

— Obrigada mais uma vez! Não sei o que seria de Olívia sem você. Eu a conheço bem. Amanhã ela estará bem melhor e poderá conversar com mais serenidade.

Edson levantou-se. Após estender a mão para Ivone, despediu-se. Na rua, antes de abrir a porta de seu automóvel, pensou: "Tenho certeza de que Olívia está sendo obsediada. Vou precisar de ajuda espiritual".

E com esses pensamentos, entrou em seu carro, desaparecendo ao virar a esquina.

A chuva não queria cessar, tornando o trânsito caótico devido às enchentes em algumas vias públicas. Sérgio ouvia um noticiário no rádio, enquanto os carros seguiam a passos de tartaruga. Em pouco mais de uma hora estacionou seu automóvel na garagem, entrando correndo em casa. Jurema, ao vê-lo, foi logo dizendo:

— Boa noite, Sérgio. Vá tomar um banho quente para tirar a friagem do corpo. Estou preparando uma sopa bem quentinha.

Sérgio deu-lhe um beijo no rosto e foi para seu quarto. Sentia-se melancólico, sentia o coração oprimido. A imagem de Olívia sofrendo não lhe saía da mente. Embora as evidências estivessem contra ela, acreditava na sua inocência.

— Meu Deus, por que isso agora? – disse a si mesmo, ao despir-se no banheiro.

Tomou um banho demorado e foi à cozinha, onde Luiz e Jurema jantavam em animada palestra. Sérgio sentou-se e serviu-se do caldo quente sem dar uma palavra. Luiz, ao ver o filho calado, chamou sua atenção:

— O que há com você? Ultimamente anda aéreo, mal nos cumprimenta, parece estar em outro mundo.

Sérgio respirou fundo. Amava o pai, que sempre fora seu amigo. Sua mãe morrera quando ele era um adolescente, e desde então seu pai se tornara tudo para ele, junto de Jurema, que fazia o possível para amenizar a falta materna.

Ao ser chamado pelo pai, deu-se conta de que não vinha dando a ele a devida atenção e, procurando corrigir o erro, respondeu:

— Desculpe-me, pai. Sei que ando estressado, mas não é com vocês.

— Que não é conosco nós sabemos! Por que não se abre com a gente? Somos sua família. – Luiz tentava descobrir o que se passava com o filho.

— Não é nada de mais. Ando preocupado com o meu trabalho. O senhor sabe como eu sou, tenho medo de cometer injustiças, é só isso. – Sérgio fez força para sorver uma colherada de sopa.

— É esse caso da viúva negra, não é? — perguntou Jurema, ao entrar na conversa.

Sérgio a olhou, admirado, questionando:

— Viúva negra?! De onde tirou essa, Juju?

— Li no jornal. Estão chamando essa tal de Olívia de viúva negra. Um repórter descobriu que o marido havia feito um seguro de vida e que esse pode ser o motivo do crime.

Sérgio riu com ironia. Só havia um repórter capaz de fazer tal matéria. Jurema, ao vê-lo rir, questionou, simplória:

— Do que está rindo? É verdade, eu li mesmo.

— Acredito, Juju. Por acaso o nome do repórter que assinou a matéria é Mário Monteiro?

— É esse mesmo! Você o conhece?

— E como! Mário é um repórter sensacionalista. Seu trabalho é encontrar provas mirabolantes para criar matérias quase sempre fantasiosas e com isso ganhar a primeira página do jornal, como nesse caso em específico, em que não estão lhe passando nenhuma informação para conseguir uma boa história. Mário investiga o caso por conta própria e tira suas conclusões. Pena não podermos prendê-lo, pois se defende com a tal liberdade de expressão e alega escrever suas matérias baseando-se em provas reais.

— É o trabalho dele, não acho que esteja errado – interveio Luiz. – E depois, a imprensa é assim mesmo. Essa Olívia está tendo seus quinze minutos de fama; de uma forma negativa, é claro, mas tornou-se alvo da opinião pública. Todos querem saber se ela matou ou não o marido, o que é um prato cheio para a imprensa.

— Infelizmente, não é, papai? – Sérgio franziu a testa, aborrecido.

Luiz e Jurema se entreolharam, decidindo não tocar mais no assunto.

Os três terminaram o jantar em silêncio, e Sérgio foi para seu quarto, indisposto, só saindo de lá no dia seguinte para ir trabalhar. Já na delegacia, ele acompanhava o depoimento de Ivone ao lado do delegado e do escrivão. Ivone respondia de pronto a todas as perguntas. Quando questionada sobre o que sabia da vida íntima do casal, afirmou:

— Eu não frequentava a casa deles. Não posso falar o que não sei.

— Mas a senhorita, pelo que consta, é amiga íntima de Olívia. Não acha estranho nunca ter participado de uma reunião da família? – perguntou o doutor Edgar, seriamente.

Ivone o encarou e respondeu com firmeza:

— Não. Eu e Olívia nos conhecemos no serviço, e desde então tornamo-nos amigas. Sabia que ela era casada e nunca fiz questão de ter um contato mais informal com Júlio. Para ser sincera, eu o vi duas ou três vezes, apenas. Olívia nos apresentou e não passou disso.

Edgar olhou para Sérgio, que, satisfeito com as respostas de Ivone, não quis interrogá-la. O delegado, acreditando ter tirado todas as informações necessárias, a dispensou. Sérgio, ao ver-se a sós com Edgar, comentou:

— O depoimento dela nada acrescenta para o inquérito. Continuamos na mesma.

— Eu já esperava por isso. Ela não entregaria a cabeça da amiga em uma bandeja de prata para nós. Mas engana-se ao acreditar que esse depoimento é irrelevante. A próxima a ser interrogada é outra colega de trabalho de Olívia, e tenho motivos suficientes para crer que essa sim irá nos esclarecer muitas coisas — afirmou, com um brilho indefinido no olhar.

Edgar era um homem robusto, estatura baixa. Ocupava aquele cargo havia mais de vinte anos, conhecia bem a alma humana. Acostumado a interrogatórios, conseguia tirar o que precisava de seus interrogados, mesmo que estes tentassem ocultar a verdade dos fatos.

O clima na delegacia era tenso, com vários repórteres na porta procurando de todas as maneiras manter contato com as testemunhas, sem nenhum sucesso. E foi nesse clima que Sandra desceu do automóvel, vestida com uma longa saia preta e uma blusa com decote em V que deixava parte de seus seios à mostra, exalando sensualidade.

Parou um instante, sem pressa alguma de entrar no recinto. Estava adorando os *flashes* que vinham das máquinas fotográficas e o empurra-empurra dos repórteres querendo se aproximar dela, mas não soltou uma sílaba. Ao adentrar a delegacia, foi encaminhada para a sala de Edgar.

Após fazê-la sentar-se e responder a perguntas simples como nome e idade, Edgar pôs-se a questioná-la. Sandra informou desde quando conhecia Olívia e o grau de afinidade entre as duas, mantendo o tom de voz amável e impessoal. Edgar, a certa altura do depoimento, indagou:

— Senhorita Sandra, você alega não manter conversas paralelas com suas colegas de trabalho, mas ninguém fica oito horas em um escritório sem fazer um comentário, um desabafo vez ou outra, estou certo?

Sandra assentiu, e Edgar seguiu em frente:

— Portanto, quero que me responda com sinceridade. Conhecia ou não Júlio Peixoto? E se conhecia, em que circunstâncias?

Sandra jogou os cabelos para o lado.

— Bem, Olívia foi algumas vezes com ele a festas de confraternização de fim de ano. Ela nos apresentou, e eu o achei simpático. Conversamos bastante, mas não passou disso.

— Certo. Notou se mais alguém, por exemplo, sua colega Ivone, também conversava com ele nessas ocasiões?

Sandra ficou pensativa, procurando achar em sua memória a resposta a dar. Após alguns segundos, afirmou:

— Que eu me lembre, não. Acho que Ivone não gostava dele, talvez por ser amiga confidente de Olívia e saber detalhes da vida dos dois.

Edgar sorriu intimamente, mas procurou não deixar transparecer.

— A senhorita poderia nos relatar com detalhes o que viu Olívia fazer no dia do crime?

Sandra remexeu-se na cadeira. O delegado havia chegado ao ponto que ela queria. Após cruzar as pernas e jogar mais uma vez o belo cabelo loiro para o lado, disse:

— Bem, naquele dia eu cheguei ao escritório às nove horas e fui para a minha sala. O clima estava tenso, o doutor Francisco, mais nervoso do que nunca pelo atraso de Olívia, que chegou por volta das dez horas.

Sandra fez uma pausa para deixar o seu depoimento ainda mais emocionante e pediu um copo com água, alegando estar com a garganta seca. Sérgio e Edgar trocaram olhares. O delegado esperou pacientemente que ela continuasse:

— Coitada! Lembro-me como se fosse hoje. Olívia entrou na sala com uma aparência horrível. Fui falar com ela para avisar que o doutor Francisco estava uma fera, mas levei uma patada, então fiquei no meu canto. Ivone, ao vê-la naquele estado, perguntou o que acontecera...

Sandra fez nova pausa para respirar.

— Olívia olhou para mim, ficou indecisa, mas acabou contando que Júlio havia chegado tarde da esbórnia e que ela fingira dormir. Ele percebeu e começou a xingá-la, passando os dois à agressão física, quando ela acabou por arranhá-lo. Disse que sentia vontade de matá-lo. Depois terminou o assunto, só saindo do escritório no horário do almoço, quando alguém ligou, querendo notícias de Júlio. Foi quando ela e Ivone saíram.

Sandra se calou. Edgar deu-se por satisfeito, mas Sérgio resolveu fazer-lhe uma última pergunta, fingindo desinteresse:

— A senhorita por acaso conhece uma casa noturna chamada Le Voyeur?

Sandra sentiu as pernas tremerem, mas procurou a dissimular, respondendo de pronto:

— Conheci essa casa noturna há uma semana. O lugar é agradável.

— Obrigado! – respondeu Sérgio, sem mais delongas.

Edgar a dispensou logo após fazê-la assinar o depoimento. Em seguida, voltou-se para Sérgio, curioso:

— Não entendi a pergunta.

— Eu explico. – Sérgio sorriu. – Semana passada fui a essa casa. Soube que Júlio era frequentador assíduo do lugar. Lá chegando, interroguei algumas pessoas, mas o que me chamou a atenção foi a presença de Sandra. Ela estava com uma amiga. Um garçom me disse que ela ia todo final de semana àquele local e sempre conversava com Júlio, portanto, mentiu no depoimento.

Edgar andou de um lado para o outro, procurando analisar o que acabara de ouvir. Em seguida, questionou:

— Por que não me disse isso antes?

— Ora, Edgar! Você não quer nem ouvir minhas opiniões. Está tão certo de que foi Olívia quem matou o marido. Só que agora devemos mudar um pouco a linha de raciocínio. Sandra mentiu, e isso é o que importa.

— Não é bem assim. Vamos continuar focados nas provas contra Olívia. Esta semana saem os laudos da perícia e do IML, o que será definitivo para sabermos se foi ela ou não. Depois, Sandra acaba de dizer em seu depoimento que ouviu Olívia dizer que teve vontade de matá-lo.

— Edgar, só não percebeu quem não quis! Essa moça fez questão de mencionar o comentário, sutilmente, é claro, sinal de que ela ganha com o indiciamento de Olívia. Não acha isso estranho?

— Não! Ela apenas disse o que escutou. Não quis proteger Olívia, o que acho digno.

Sérgio abriu e fechou a boca. Edgar estava cego, o que o irritou. Saiu da sala a pretexto de ir almoçar. Na rua, ao ver alguns jornalistas, entrou logo no carro e foi para a sua casa, onde Jurema, ao vê-lo entrar com o semblante fechado, nada comentou, e tratou de servir-lhe a refeição com carinho. Ela sabia lidar com ele, e foi com jeitinho que lhe perguntou, ao servir a sobremesa:

— O que foi, Sérgio? Você me parece muito nervoso.

Sérgio baixou a cabeça; não gostava de falar sobre o serviço em casa, mas, diante da amorosidade de Jurema, decidiu desabafar:

— Ah, Juju! É esse caso que a imprensa apelidou de "O caso da viúva negra". O doutor Edgar está convicto de que foi ela quem matou o marido, mas eu tenho minhas dúvidas, e isso está criando um certo atrito entre nós.

Jurema ficou pensativa por alguns instantes, depois comentou:

— Se eu fosse você, investigaria a fundo esse caso até descobrir se foi ou não Olívia!

— Não é tão simples assim. Mais uma semana e acaba o prazo para o fechamento do inquérito, e tenho certeza de que Edgar não vai pedir mais tempo. Ele só espera o resultado final dos laudos para ouvir mais uma vez o depoimento de Olívia e indiciá-la.

— Entendo, mas você não pode investigar por conta própria?

Sérgio olhou surpreso para Jurema. Estava tão interessado no caso que em sua mente só via o prazo final das investigações. Porém, nada o impedia de investigar o caso extraoficialmente, em seu tempo livre. Ninguém poderia recriminá-lo. Sentiu-se mais aliviado, e falou, agora com um sorriso nos lábios:

— Você é um gênio, Juju! Esperarei saírem os laudos. Essa história está me intrigando. Não vou sossegar enquanto o culpado estiver impune.

— É assim que se fala, meu filho. Não quero mais vê-lo cabisbaixo. E, se precisar de uma ajudante, conte comigo. Sou especialista em suspense, é meu gênero literário predileto.

Sérgio riu prazerosamente. A presença de Jurema e o bate-papo melhoraram muito seu estado de espírito, e, com essas vibrações, passou o resto do dia animado.

Sandra desceu do automóvel balançando os cabelos diante de um restaurante onde, após entregar as chaves ao manobrista, entrou. No hall havia um grande espelho, e ela deu uma rápida parada para conferir o visual. Sentiu-se linda, trajada com um longo vestido preto que delineava seu corpo. Aproximou-se da mesa indicada pelo *maître*, e Mário, ao vê-la, levantou-se, dando-lhe um suave beijo no rosto, dizendo, galanteador:

— Você está maravilhosa! Desse jeito vou querer vê-la todos os dias.

— São seus olhos – respondeu, ao sentar-se.

Mário a fitou demoradamente. Desde o dia em que a conhecera, Sandra não lhe saía da cabeça. Ela era linda, divertida, inteligente, o tipo de mulher que ele sonhava ter a seu lado. Sandra, ao perceber que Mário não tirava os olhos dela, perguntou:

— O que foi? Tem algo errado comigo?

— Não, imagine! Você é perfeita. Eu é que acabei "viajando" em sua beleza.

Sandra pegou o cardápio. "Era só o que me faltava, cantada barata!", pensou, antes de dizer:

– Deixe de bobagens, Mário, e vamos ao que interessa. O que quer de mim?

— Peçamos o jantar primeiro.

Sandra concordou. Mário chamou o garçom, que anotou o pedido e saiu em seguida. Mário, ao se ver a sós com ela de novo, pôs-se a falar:

— Eu queria lhe agradecer pela dica do seguro e por ter me falado o conteúdo do seu depoimento, por isso decidi oferecer-lhe este jantar.

Sandra sorriu. Após mexer o cabelo, afirmou, eufórica:

— Não há por quê. Eu sabia do seguro porque uma vez a seguradora ligou para o escritório por causa de uma documentação de Olívia. Ela não estava, e eu anotei o recado. A propósito, fale para o seu amigo que adorei a foto que ele tirou de mim. Ficou ótima na primeira página.

Mário deu um leve gole na bebida a sua frente e, após alguns segundos, perguntou com certo cuidado:

— Sabe o que eu gostaria que me dissesse? O motivo de você não gostar de Olívia.

— Se eu contar, você não vai publicar, vai?

— Não se preocupe! Essa é uma curiosidade minha; afinal, você está me ajudando tanto.

— Muito bem, então vou contar. – Sandra, após olhar para os lados, começou a falar: – Conheci Olívia na empresa em que trabalhamos. Eu já trabalhava lá e, quando a vi pela primeira vez, senti algo estranho. Sabe quando o santo não bate?

Mário afirmou com a cabeça.

— Então! Foi antipatia mútua à primeira vista. No começo, nós nos tratávamos com respeito, ocupávamos o mesmo cargo, mas, depois que ela foi promovida a chefe, o que já era difícil ficou pior. Olívia me hostilizava, não perdia uma oportunidade de me humilhar. Com o tempo percebi que ela morria de inveja de mim, e por isso me maltratava. E, como não sou santa nem nada, comecei a pegar raiva dela.

— Sei como é isso... Mas me responda com sinceridade. Você acha que foi ela mesma quem matou o marido?

— Não tenho dúvida! – Ao ver que Mário a fitava nos olhos, Sandra, não contente com a resposta, resolveu justificar-se: – Olívia faz o tipo coitadinha, mulher de um homem só, toda moralista, mas isso é só para fazer com que os outros se apiedem dela. Para mim, Júlio chegou em casa, os dois discutiram, ela o esperou dormir e pôs fim em seu sofrimento. – Ela esboçou um leve sorriso.

Mário não acreditou no que ouviu. Era astuto demais para ser enganado por Sandra. Mas resolveu não falar o que pensava; afinal de contas, para ele pouco importava se quem matara Júlio fora Olívia ou outra pessoa qualquer. Esse era um problema para a polícia resolver. Sua missão consistia em procurar furos de reportagem para serem publicados em seu jornal, e mais nada.

Sandra, ao vê-lo pensativo, chamou-o à realidade:

— O que foi? Por acaso tem outra versão para o caso?

— Não! Acho que está certíssima. Olívia assassinou friamente o marido, talvez por um descontrole emocional de sua parte. Mas vamos mudar de assunto. Por que não me fala um pouco de você?

Sandra sentiu o seu sangue gelar. Mário estava se mostrando interessado em sua vida pessoal. Marcara aquele encontro no restaurante não para lhe agradecer pelas informações prestadas, e sim para tentar uma aproximação romântica. Decidida a entrar no jogo dele, pôs-se a falar sobre si de forma descontraída e alegre. Os dois ficaram conversando por um longo tempo e, quando se despediram, já na saída do restaurante, selaram o encontro com um leve beijo nos lábios, entrando cada um em seu automóvel, prometendo se verem em breve.

3

ÓDIO E VINGANÇA

Olívia sentou-se no sofá, segurando uma xícara de café. Após sorver um gole do líquido quente, pousou de leve o utensílio em uma mesinha e se recostou entre as almofadas, pondo-se a chorar dolorosamente.

Lembrou-se do dia em que conheceu Júlio. Foi amor à primeira vista. Eles se encontraram por acaso em uma lanchonete próxima ao local de trabalho dos dois. Trocaram olhares, em seguida, telefones, e começaram a namorar. Olívia tinha dezoito anos de idade, e ele, vinte.

Júlio era romântico, do tipo que abria a porta do carro para a mulher descer e oferecia flores, e Olívia foi se apaixonando cada dia mais. Em pouco tempo, Júlio tornou-se o ar que ela respirava.

Quando ele a pediu em casamento, Olívia aceitou sem pestanejar, e os dois se casaram nesse clima de romance. Tudo parecia perfeito, e com muita luta conseguiram comprar a casa própria, o que a deixou ainda mais feliz. Quando Júlio foi mandado embora do emprego, decidiu montar seu próprio negócio, inaugurando em clima de festa a cafeteria.

O tempo foi passando e Júlio se distanciando cada dia mais dela. As brigas se tornaram constantes, mas Olívia se manteve paciente. Jurara fidelidade e amor eterno, acreditava que casamento era para toda a vida, e assim foi levando adiante aquele relacionamento falido, um fardo que carregaria pelo resto de seus dias se ele não tivesse morrido.

Olívia balançou a cabeça no intuito de afastar tais pensamentos. Ouviu a campainha soar. Era Edson, que, ao vê-la, cumprimentou-a com amabilidade, entrando na residência. Sentou-se sem cerimônia e foi direto ao assunto:

— Desculpe-me por vir sem avisar, mas precisamos conversar. Os laudos estão prontos e eu tive acesso aos resultados.

Edson fez uma pequena pausa. Ao ver que Olívia não esboçava nenhuma reação, prosseguiu:

— Pois bem, a perícia só encontrou as suas digitais e as de Júlio na casa, e a faca que foi usada como arma só tinha as suas digitais. Não há indício nenhum de que outra pessoa tenha entrado aqui e cometido o crime. Portanto, o doutor Edgar vai colocá-la em xeque no depoimento que já está marcado para depois de amanhã.

Olívia se levantou. Uma súbita raiva invadiu o seu ser. Tentou se controlar ao responder:

— Isso quer dizer que para a polícia eu matei Júlio? Eles não vão mover mais uma palha para descobrir o verdadeiro assassino?

— Infelizmente. Mas você há de convir comigo que quem cometeu esse crime o fez benfeito, não deixou rastro nenhum. E depois, a polícia trabalha com indícios, e todos levam a crer que foi você. O que precisamos definir agora é a tática de defesa.

Olívia suspirou fundo e tornou a se sentar.

— E o que devo fazer? – indagou, desanimada.

— Bem, Olívia, serei muito sincero. Há depoimentos de vizinhos que alegam ter ouvido as brigas, horas antes do crime; de sua colega de trabalho que disse ouvir claramente seu desabafo, relatando a briga que teve com Júlio; além das provas técnicas. Sendo assim, há dois caminhos.

Edson fez uma pausa para respirar, antes de prosseguir:

— O primeiro é você, mesmo sendo inocente, assumir o homicídio. Nossa legislação é mais branda para réus confessos. No seu caso em específico, o crime se tornaria culposo, ou seja, sem intenção de matar. Poderá alegar que ele a agredia constantemente e, no dia em questão, você perdeu o juízo e acabou por assassiná-lo. Poderá pegar no máximo seis anos de reclusão. Sendo ré primária e confessa, essa pena pode cair para três anos. Com bom comportamento, não passará mais de um ano presa. Sei que essa hipótese pode parecer asquerosa, mas acredite, muitos advogados aconselham seus clientes a fazerem isso.

Edson se calou, deixando Olívia a ponderar. Não passava por sua mente a ideia de se responsabilizar por um crime que não cometera. Olhou para Edson, que esperava uma resposta, e ficou de pé.

— Deixe-me pensar um pouco. Vou preparar um chá e volto logo. Fique à vontade! — E Olívia foi para a cozinha.

Colocando a água na chaleira, pensava nas palavras do advogado. Seus nervos estavam em frangalhos, nunca imaginara ter de passar por tamanho embaraço.

Recordou-se de sua mãe e do que ela lhe aconselharia, caso estivesse viva. Dona Ieda era uma mulher religiosa, temente a Deus. Nunca aceitaria mentir, ainda mais para assumir a autoria de um crime que não cometera.

Suspirando, Olívia esperou a água ferver e preparou o chá de erva-cidreira. Após colocar duas xícaras com o líquido quente em um bandeja, voltou para a sala, servindo Edson.

— Desculpe-me, doutor, mas não posso aceitar isso. Sou inocente, e vou gritar isso aos quatro cantos.

Edson tomou seu chá sossegado, dizendo em seguida:

— Eu já esperava por essa resposta. Sei que é uma mulher digna, só mencionei esses caminhos porque faz parte do meu trabalho. Mas devo alertá-la: nós trilharemos então o segundo caminho, com sua negação do crime. O delegado possivelmente vai indiciá-la por crime doloso, ou seja, com intenção de matar. A pena prevista, dependendo dos agravantes, é de trinta anos de reclusão, ou seja, se perdermos, você passará boa parte da sua vida na cadeia.

— Eu vou arriscar. Não matei Júlio, estou com minha consciência limpa. Nós conseguiremos provar minha inocência – respondeu Olívia, segura de si.

Edson abriu um sorriso. Pela primeira vez, desde que conhecera Olívia, via-a falar com tanta segurança. Os dois se despediram, prometendo encontrar-se antes do depoimento para acertar os últimos detalhes.

Já passava das nove horas da noite quando Felipe entrou em casa. Ao ver o irmão em palestra animada com Roberto na sala, abriu um sorriso, aproximando-se. Cumprimentou-os amavelmente, dizendo:

— Boa noite! Sobre o que vocês conversavam? O clima está tão agradável!

— Estamos falando da viúva negra. – Roberto procurava ser amigável.

— Assunto este que não o agrada, maninho. – Mário mostrava um meio sorriso.

— Engana-se. Esse caso mexeu com a opinião pública. O que não me agrada é a forma como você passa a notícia; mas não vamos brigar. O que há de novo?

— A viúva será interrogada de novo, e dessa vez, cairá em contradição. Pelo que fiquei sabendo extraoficialmente, as provas materiais estão contra ela.

— Sabe o que acho? – perguntou Felipe, fazendo os dois olharem-no com atenção. – Essa moça é inocente. O tal Júlio deve ter tido alguma desavença. Quem o matou sabia de sua rotina, esperou sua mulher sair e o assassinou, procurando não deixar pistas para incriminá-la, e conseguiu, infelizmente.

— Ou ele foi vítima de uma alma do outro mundo. Só se for, para ter entrado na casa sem ser visto, matado e saído sem arrombar fechaduras e sem deixar pistas. Só você mesmo, que acredita em fantasmas, para acreditar na inocência dela.

Roberto achou graça do comentário do amigo.

Felipe olhou para os dois, pensou em responder à altura, dizer o quanto detestava seu jeito irônico, mas desistiu, respondendo em tom amigável:

— Eu acredito na inocência de Olívia, ao menos nesta encarnação. Para mim, Deus é perfeito, não permitiria uma injustiça dessas com um de seus filhos. Talvez ela esteja respondendo por um erro do passado.

Mário fechou o semblante. Já ia mudar de assunto quando Roberto perguntou, interessado:

— Como assim, erro do passado?

— Ora, Roberto! A vida é um inesgotável fluxo e refluxo. Muitas pessoas, acreditando que não responderão pelos seus atos, cometem crimes e ficam impunes. Esquecem-se de que há uma lei no Universo: para cada ação há uma reação. Não importa o tempo que levará para que isso ocorra. A vida, no momento oportuno, cobrará por seus atos pregressos. Talvez essa moça tenha cometido algum crime em uma encarnação anterior e não respondeu perante a justiça divina por esse ato, e agora a vida cobra dela.

— Certo, então quer dizer que Deus não perdoa mesmo?

Felipe abriu um sorriso ao ver os olhos de Roberto brilharem ao questionar. Fitou Mário, que recostou-se no sofá, enfadado com aquela conversa, mas não se deixou abater por isso e respondeu:

— Não! Deus está sempre nos perdoando. Nossa consciência é quem sempre nos acusa. Suponhamos que Olívia tenha tirado a vida de alguém em uma encarnação passada e não respondeu por esse crime. Ao desencarnar, sua consciência passou a acusá-la, pois não temos o direito de tirar a vida de quem quer que seja, então ela decidiu reencarnar e pagar pelo seu erro diante da justiça da Terra, pois em sua mente essa era a única forma de ficar em paz consigo mesma, entendeu?

— Entendi! – respondeu Roberto.

— Mas essa é só uma hipótese remota. Serve apenas como exemplo para você analisar.

— Roberto já ouviu bobagens demais por uma noite só, Felipe. Deixe-nos em paz. – Como Mário estava com cara de poucos amigos, Felipe sentiu um leve tremor.

Decidindo não mais participar da conversa, levantou-se e, após despedir-se de Roberto, foi para o seu quarto.

Mário, ao ver o irmão se afastar, voltou-se para Roberto, que estava com o olhar distante, e comentou:

— Espero que não tenha levado a sério as maluquices de meu irmão.

— Não acho que Felipe seja maluco; ao contrário, ele é muito coerente no que diz. Não sou religioso, sabe disso, mas acho que Felipe tem razão quando diz que nascemos muitas vezes. Só esse processo reencarnatório explicaria todos os acontecimentos que acreditamos serem uma injustiça divina.

Mário fechou o semblante. Roberto, ao ver que o amigo não estava gostando daquele assunto, decidiu deixar tudo de lado para não chateá-lo, e pôs-se a falar sobre coisas do trabalho, até se despedirem tarde da noite.

Lucas andava de um lado para o outro. Aline, ao vê-lo naquela aflição, comentou:

— Pare com isso! Sossegue em um canto, ora!

Lucas mediu-a de cima a baixo antes de lhe responder:

— Estou nervoso demais para ficar parado. Está tudo dando errado.

Aline não se conteve e soltou uma gargalhada. Lucas era dramático, o que a fazia rir. Ela o conhecia havia pouco tempo, mas o suficiente para saber lidar com ele.

— Não sei o porquê de tanta aflição. Olívia está em nossas mãos. Logo estará presa, e nós estaremos vingados. A sua pendência com Mário também resolveremos a seu tempo.

Lucas olhou fixo para Aline. Ela era uma mulher bonita, vestia-se com trajes do final do século XIX. Desde que a conhecera, sentira por ela um amor incondicional e lutava para vencê-lo.

Estava curioso: não sabia o motivo pelo qual ela e Arnom queriam se vingar de Júlio e Olívia. A esse pensamento, olhou a sua volta. Era a primeira vez que ficava sozinho com ela, o que era uma oportunidade para satisfazer sua curiosidade. Decidiu então aproximar-se da moça, perguntando com a voz quase doce:

— Sabe o que eu gostaria de saber? Por que você e Arnom têm tanto ódio do casal?

Aline exalou um profundo suspiro, pensou em desconversar, mas sentia em Lucas um amigo. Desse modo, após breve silêncio, pôs-se a relatar:

— Nós vivíamos na França, em um vilarejo nas proximidades de Versalhes. Naquela época, a maioria dos casamentos era realizada por conveniência. O meu não foi diferente. Em uma bela tarde primaveril, me casei com o homem que hoje chamam de Júlio. Nós não nos amávamos, Júlio era apaixonado por outra moça, mas os pais dela eram de origem humilde, e a família dele não aceitava aquele relacionamento. Seu pai já havia fechado o "negócio" com minha família, mas Júlio não esqueceu sua amada. Para você ter uma noção dessa paixão, ele nunca consumou nossa união. Vivíamos como dois irmãos dentro de uma mesma casa, pouco nos falávamos.

"O tempo foi passando, Júlio cuidava das terras da família com uma dedicação notória. Em pouco tempo, ele conseguiu dobrar nossa fortuna, mas, se por um lado tudo corria perfeitamente, por outro não. Júlio tornara-se arredio, calado, até que meu sogro começou a cobrar-lhe um herdeiro, visto que estávamos casados fazia anos. Júlio a princípio relutou, mas acabou cedendo aos conselhos paternos."

Aline fez uma pausa. Seus olhos estavam marejados. Lucas, percebendo que aquele desabafo faria bem a ela, nada disse, esperando atento a continuação da narrativa:

— Foi uma noite inesquecível. Ainda sinto o cheiro da pele dele ao me tocar. Júlio trocou carícias com tanta emoção que naquele momento me entreguei de corpo e alma àquele amor. As noites seguintes não foram diferentes. Eu estava apaixonada por aquele homem, e nesse clima, meses depois, nasceu nosso primeiro filho.

Aline se calou. Seu coração se apertava com as recordações. Decidindo não prosseguir com sua história, disse:

— Não estou me sentindo muito bem. As lembranças ainda doem em minha alma. Outra hora continuamos esse assunto.

Lucas assentiu. Os dois ficaram calados, observando Olívia, que, apática, não se mexia no sofá da sala. O tempo foi passando. Lucas, cansado de ficar ao lado de Olívia, olhou para Aline, dizendo:

— Essa sonsa vai continuar assim até sua amiga chegar e animá-la um pouco. Que tal irmos ao encontro de Sandra?

Aline deu de ombros. Lucas a pegou pelos braços e saíram rumo à casa de Sandra, e lá a encontraram ouvindo música. Sandra estava feliz. Havia preparado um jantar caprichado para receber Mário, que ao chegar olhou com emoção para ela.

— Você está mais linda do que nunca!

Sandra abriu um sorriso. Ao vê-lo sentar-se, serviu uma taça de vinho.

Aline, vendo os dois em clima romântico, olhou com cara feia para Lucas.

— Você me trouxe até aqui para ficar observando esses dois namorarem? Prefiro ficar com a sem graça da Olívia. Pelo menos ela é menos patética que essa aí.

Lucas gargalhou.

— Nisso tenho de concordar com você, mas estamos aqui por uma boa causa. Sandra é astuta e, com uma ajudazinha minha, Mário logo estará com sérios problemas.

— Assim espero. Agora que Júlio está nas nossas mãos e Olívia irá pagar por seus crimes, só falta esse tonto do Mário – respondeu Aline, com ar de pouco-caso.

— Fique olhando e veja do que sou capaz.

Lucas se aproximou de Sandra, procurando envolvê-la em sua energia. Sandra passou de leve a mão no rosto de Mário e, tomada por estranha emoção, disse com a voz embargada:

— Sabe que você é muito especial para mim? Eu o conheço há pouco tempo, mas o quero muito bem.

— Eu também. Você não sai da minha cabeça nem por um segundo.

Sandra chegou mais perto. Mário se aproveitou da situação para lhe dar um beijo, que foi correspondido com intensidade. Os dois ficaram namorando sem se dar conta da presença dos dois espíritos.

Então, Mário consultou o relógio.

— Já está tarde, Sandra. Tenho de ir para casa. Amanhã cedo vou cobrir o depoimento de Olívia.

— E você acha que ela será presa após o depoimento? – perguntou Sandra, como quem não quer nada.

— Difícil! Ela está com um excelente criminalista, e depois a polícia só pede a prisão preventiva se o indiciado não tiver endereço fixo, para promover a ordem pública ou se houver perigo de fuga. Creio que Olívia não se enquadra em nenhum desses casos.

Sandra ficou pensativa. O doutor Francisco havia lhe falado que, depois do depoimento, Olívia voltaria a trabalhar, o que ela não podia permitir. A esse pensamento, teve uma ideia com a ajuda de Lucas, que lhe falava ao pé do ouvido, e perguntou:

— E se de repente a imprensa publicar uma possível rota de fuga planejada por Olívia?

Mário encarou Sandra.

— Sei aonde quer chegar. Se Olívia for presa, ela sairá definitivamente de seu caminho; acertei?

Sandra passou de leve as mãos pelos cabelos, respondendo com a voz quase infantil:

— Ora, bebê! Olívia matou o marido com frieza, não pode ficar na boa, livre para ainda pisar nos outros como faz comigo.

— Está bem, mas como vamos forjar um possível plano de fuga?

— Deixe isso comigo. Olívia vai depor amanhã e já no dia seguinte voltará ao trabalho. Com isso, posso ter acesso ao e-mail dela. Será fácil pesquisar alguns hotéis fora do país, especulando preços de diárias.

Mário tornou a dar risada. Sandra se mostrava inteligentíssima,

— Você é terrível, garota! Nós dois juntos somos imbatíveis. Faça o seguinte. Eu vou lhe passar o site de um hotel em Buenos Aires. É de um amigo meu. Você faz o pedido de preços e deixa o resto comigo. Mataremos dois coelhos com uma cajadada só. Você se livra de Olívia, pois com certeza o promotor público pedirá a preventiva, e eu ganho mais uma matéria de capa.

— Combinado! – Sandra o abraçou e beijou calorosamente.

Após escrever o nome do site e entregar para ela, Mário despediu-se, deixando Sandra e os dois espíritos eufóricos por conseguirem seus intuitos.

4

UMA LUZ
NA ESCURIDÃO

O dia amanheceu cinzento. Sérgio olhou para o céu carregado de nuvens escuras e entrou na delegacia. Olívia ia depor, e ele estava cada dia mais convicto de sua inocência. Tomara uma decisão: falaria mais uma vez com Edgar para interceder a favor dela. Não queria participar de uma injustiça, afinal, não fora para isso que entrara na polícia, como investigador. Com isso em mente, adentrou a sala de Edgar. Ao vê-lo, cumprimentou-o e foi direto ao assunto:

— Edgar, eu andei pensando. Olívia pode ser inocente. Peça mais um tempo para o final das investigações. Tenho certeza de que encontraremos o verdadeiro culpado.

Edgar exalou um profundo suspiro de contrariedade antes de lhe responder:

— Não, Sérgio! Hoje encerro esse caso, e nas próximas quarenta e oito horas, entrego-o à promotoria.

Sérgio mordeu o lábio em sinal de nervosismo. Edgar estava irredutível.

— Tá legal, você é quem sabe, mas você é casado, não é? Ama sua esposa. E se isso acontecesse com ela? – Sérgio tentava encontrar uma maneira de amolecer o coração de Edgar, que, se mostrando resoluto, respondeu:

— Olívia não é como a minha esposa. Eu e Carmem vivemos muito bem. Mas, já que você insiste, vou lhe dizer o que colocarei no relatório que entregarei ao promotor, pois será exatamente o que penso a respeito de Olívia, isso montando a dinâmica do crime. Pois bem...

Edgar ficou de pé e pôs-se a andar de um lado para o outro, falando:

— Olívia e o marido viviam uma relação de aparências. Ele a maltratava e ela não reagia, cultivando um ódio mortal por Júlio, até que, na madrugada do crime, Júlio chega em casa bêbado. Os dois discutem, ele a agride, e ela revida, deixando-o arranhado, fato este que o laudo do IML comprova. Ele, Júlio, foi ferido horas antes de morrer.

Edgar fez uma pausa para tomar um gole de água e continuou:

— O que significa que a vítima, após a briga, alcoolizada, acabou por adormecer, tornando-se presa fácil para sua esposa, que ao vê-lo dormir começou a premeditar o crime. Esperou o marido entrar em sono profundo, isso lá pelas sete horas a manhã, foi à cozinha, pegou sua faca mais afiada e desferiu um golpe certeiro, deixando-o agonizando. Em seguida, tomou um banho para se limpar do sangue que deve ter respingado em seu corpo, guardou a roupa que usara em sua bolsa, trancou a casa e saiu. No caminho, livrou-se dos pertences, chegando ao local de trabalho com uma hora de atraso. Foi isso que aconteceu.

Edgar se sentou. Sérgio, sem se fazer de rogado, questionou:

— Está bem, suponhamos que você tenha razão. Diga-me por que ela deixou a porta trancada. Olívia poderia simular um assalto, e não teria sido a primeira pessoa a voltar à cena do crime, nem entraria com a amiga. Até mesmo daria uma desculpa ao funcionário que ligou para ela e pediria para ele ir à residência. Além disso, ela alegou ter chegado atrasada ao serviço porque pegou um ônibus errado por estar perturbada com a briga que tivera, e isso pode ser verdade.

— Não acredito – respondeu Edgar, prontamente. – Olívia é dissimulada, e acreditou que não íamos suspeitar dela. E depois, não é uma assassina fria, portanto não poderia cometer o crime perfeito.

Sérgio balançou a cabeça negativamente, mas não disse nada. Lucas, que fora à delegacia para certificar-se de que tudo sairia como o planejado, sorriu, pondo-se ao lado de Edgar, tentando envolvê-lo em seus pensamentos, o que fez com êxito.

Já passava das onze horas da manhã quando Olívia entrou na delegacia acompanhada do advogado, e os dois foram conduzidos direto à sala de interrogatório, onde Edgar e Sérgio os aguardavam com o escrivão.

Olívia se sentou ao lado de Edson. Edgar, após trocar alguns olhares com Sérgio, virou-se para Olívia, dizendo:

— Bom dia, dona Olívia! Eu chamei a senhora para depor se novo para que possamos esclarecer alguns fatos que ficaram obscuros em seu primeiro depoimento, por isso quero que a senhora nos conte mais uma vez o que fez no dia do crime.

Olívia respirou fundo. Já estava cansada de relatar o que ocorrera naquela madrugada. Ela sabia que Edgar queria fazê-la cair em contradição. Como não tinha o que temer, porém, pôs-se a falar do que lembrava em detalhes. Edgar e Sérgio ouviam, atentos, o depoimento. Quando Olívia terminou seu relato, Edgar levantou-se da cadeira. Após dar uma volta pela sala, parou à sua frente e comentou:

— A senhora diz que saiu de casa em seu horário rotineiro e que, por estar perturbada com a briga que tivera com o marido, acabou entrando em um ônibus que ia para outro destino, só se dando conta do equívoco quando quase chegava ao ponto final. Ora, dona Olívia, se a senhora faz o percurso de sua casa até o local de trabalho todos os dias, já conhece o caminho. Por maior que fosse sua perturbação mental naquele momento, ao olhar pela janela do veículo, perceberia logo o engano.

Olívia mordeu o lábio, nervosa, e respondeu com aspereza:

— Como o senhor mesmo acabou de dizer, eu estava perturbada, tive uma noite difícil, briguei com Júlio, não dormi pensando no rumo que minha vida estava tomando, saí de casa apressada, cheguei ao ponto e dei sinal ao ônibus sem reparar direito no letreiro indicativo do destino. Quando me sentei no banco, deixei minha mente vagar e não prestei atenção a nada à minha volta.

Olívia se calou. Edgar pôs-se a questioná-la sobre outros pontos de seu depoimento.

Lá fora o tumulto era geral, com vários repórteres e fotógrafos tentando a todo custo entrar na delegacia, sem sucesso. Mário olhou para Roberto, chamando-o a um canto, e comentou:

— Acho que não conseguiremos mais nada aqui. Olívia não vai dar uma palavra para a imprensa.

— O que está acontecendo com você? Ficou louco? Tenho de tirar fotos dela saindo da delegacia. – Roberto estava surpreso com o amigo.

Mário deu risada ao responder:

— Tive uma ideia. Venha comigo e não irá se arrepender.

Roberto pensou em negar, mas conhecia Mário. Como sabia que ele não brincava em serviço, resolveu acompanhá-lo. Os dois entraram no carro. Roberto dirigia enquanto Mário lhe explicava o caminho. Em pouco mais de meia hora pararam em frente a uma garagem, a contragosto de Roberto, que comentou:

— Nós vamos tomar uma multa e ainda arrumar encrenca com o dono dessa casa, caso ele resolva entrar ou sair com o seu veículo.

— Deixe de bobagens. Sei o que estou fazendo. Esta é a casa de Ivone, amiga de Olívia. Sei que é aqui que ela está hospedada.

— Você não tem jeito. Gostaria de saber quem é esse seu informante. – Roberto, com um sorriso nos lábios, desceu do automóvel.

— Por enquanto não vou lhe revelar, meu amigo. Agora vamos nos manter escondidos. Quando o carro do advogado chegar, não vai poder estacionar lá dentro. Olívia será obrigada a descer na rua. Vamos conseguir no mínimo boas fotos dela entrando na casa. Quem sabe, até uma entrevista.

— Você é fogo. É por isso que eu te amo! – brincou Roberto.

As horas passaram devagar. Já era quase noite quando o automóvel de Edson se aproximou da casa de Ivone. Quando viu um carro parado na frente da garagem, o advogado comentou:

— Tem pessoas que deveriam ser proibidas de dirigir. Eu vou parar mais à frente e anotar a placa desse veículo.

Olívia não respondeu, estava exausta. Passara horas relatando o que acontecera no dia do crime.

Edson estacionou a alguns metros da casa de Ivone. Olívia olhou ao redor, a rua estava vazia. Suspirou aliviada e desceu.

Ao dar alguns passos, foi abordada por Mário, que aproximou-se com um gravador na mão, enquanto Roberto disparava seus *flashes* nela. Um súbito rubor subiu ao rosto de Olívia, que, trêmula, começou a dar bolsadas em Mário.

Olívia deixou toda sua mágoa transbordar. Estava farta do assédio da imprensa e principalmente daquele jornalista, que a seguia para todos os cantos. Mário apanhava quieto, e Roberto se aproveitou da situação para fotografar a agressão. Edson, ao ver a briga, correu ao encontro de Olívia, empurrando-a com força para a porta da casa de Ivone, logo a colocou para dentro.

Roberto, ao vê-los entrar, se virou para Mário e pôs-se a rir. Ele estava com o rosto vermelho e as roupas desgrenhadas. Mário recostou-se no automóvel para recuperar as forças.

— Espero que você tenha fotografado essa agressão, Roberto.

— Claro! E eu ia perder esse furo? Vou adorar ver sua foto estampada na primeira página apanhando da viúva, com a manchete: "Viúva mostra o que é capaz de fazer quando a tiram do sério".

Mário soltou uma gargalhada, dizendo em seguida:

— Ela não perde por esperar. Essas bolsadas que levei vão custar muito caro para Olívia. Agora vamos dar o fora antes que eles resolvam chamar a polícia.

Os dois entraram no automóvel, rindo, e foram direto para a redação do jornal.

Nos dias que se seguiram, Olívia voltou a trabalhar, mas, diante de todos os seus problemas, não conseguia se concentrar. O doutor Francisco, ao perceber que ela não correspondia às expectativas da empresa, decidiu demiti-la, não sem antes explicar-lhe todos os motivos que o levaram a tomar aquela atitude.

Olívia o escutou, atenta. Francisco fora de uma delicadeza que ela nunca vira. Entendeu seus motivos. Nenhuma companhia aceitaria um funcionário com problemas na justiça e tendo a imagem divulgada todos os dias na imprensa.

Foi com muita tristeza que Olívia guardou os seus pertences em uma caixa de papelão, despedindo-se de todos os companheiros de trabalho e deixando o prédio, sem olhar para trás.

No dia seguinte, acordou indisposta. Ivone fez de tudo para animá-la, mas foi em vão. Assim, deixou-a sozinha para ir trabalhar.

Já passava das nove horas da manhã quando a campainha soou. Olívia foi atender. Era Edson, que ao vê-la abrir a porta cumprimentou-a secamente. Ao entrar, ofereceu-lhe o jornal que segurava.

— Quero que você me explique isto!

Olívia pegou o jornal com as mãos trêmulas e pôs-se a ler a manchete de capa. Quando terminou, jogou o exemplar no sofá.

— Não tenho o que lhe explicar, Edson. Nunca especulei preço de hotel nenhum fora do país. Essa deve ser mais uma invenção desse repórter. Ai, se eu pego aquele sujeito! Não sei nem do que sou capaz! – Olívia trincou os dentes.

Edson se sentou, passando a mão nervosamente na barba.

— Vamos por partes, Olívia. Primeiro esse repórter não seria louco em assinar essa matéria sem provas. Temos de admitir que tudo o que ele escreveu até hoje tem um fundo de verdade, o que significa que você ou alguém muito ligado à sua pessoa mandou um e-mail para esse hotel na Argentina. Agora, quem teria acesso a sua senha do e-mail?

— Não faço a mínima ideia, mas juro que não fui eu! – respondeu Olívia, com lágrimas nos olhos.

Edson ficou pensativo. Olívia mostrava sinceridade na voz e no olhar. Pela primeira vez pegou um caso como aquele e tinha certeza da presença de espíritos ignorantes envolvidos. Mas o que fazer? Tudo levava a crer que Olívia era de fato a assassina. Precisava de alguém para ajudá-lo a desvendar todo aquele mistério.

"Mas quem?", perguntou a si mesmo. E sem que nenhum nome lhe ocorresse de imediato, decidiu questioná-la:

— Você tem algum inimigo? Indispôs-se com alguém nos últimos meses?

— Não! Sempre procuro manter um bom relacionamento com todos a minha volta.

— Mas existe alguém interessado em vê-la atrás das grades, Olívia. Quem mandou esse e-mail sabia muito bem o que estava fazendo.

— Como assim? No que esse e-mail pode me prejudicar mais do que já estou?

— Esse e-mail pode se tornar uma prova contra você, pois demonstra um interesse de fugir justo no momento em que o promotor está analisando o caso. Ele pode com isso, se quiser, pedir ao juiz a sua prisão preventiva, alegando que você poderá fugir do país, impedindo que a justiça seja feita.

— Mas eu não fiz nada! Será que a minha palavra não basta?

— Não. A justiça não trabalha com palavras, e sim com os fatos e indícios. Você nunca ouviu falar que todos têm o direito de se declarar inocentes? O que vale em um processo judicial são as provas e os indícios.

Edson se calou. Olívia ainda estava aflita, mas a conversa com ele aliviara a sua tensão. Os dois mantiveram silêncio por alguns instantes. Edson, aproveitando-se do momento para perguntar:

— Você acredita em vida após a morte?

Olívia abriu um sorriso torto. Em meio à turbulência que estava a sua vida, ouvir uma pergunta daquele gênero era muito estranho. "Não me faltava mais nada!", pensou, antes de responder, procurando ser agradável:

— Nunca parei para pensar nesses assuntos. Para mim, morreu, acabou. É fim da linha.

— E se eu disser que a morte é apenas uma passagem para um outro estágio de existência e que nascemos e renascemos quantas vezes forem necessárias para a nossa evolução? – Edson mostrava um brilho indefinido no olhar.

— Desculpe-me, doutor, mas estou com tantos problemas que não dá para me ocupar desse tipo de assunto.

Edson levantou-se e, fazendo menção de sair, respondeu:

— Pois deixe de lado um pouco seus dramas pessoais e pense no que lhe falei. Outra hora voltaremos a este assunto. Agora tenho de ir. Vou tentar descobrir qual foi a reação da promotoria à reportagem.

Edson despediu-se de Olívia e se foi. Já no carro, fez sentida prece pedindo auxílio espiritual. Precisava mais do que nunca da ajuda de amigos abnegados do astral maior. E nessa sintonia deu partida no motor, tendo a súbita ideia de passar na delegacia para falar com Edgar. Sorriu intimamente; sentia que naquele momento poderia encontrar uma luz no fim do túnel.

Em pouco mais de vinte minutos parou o carro no estacionamento da delegacia. Ao ver a figura de Sérgio abrindo a porta de seu veículo, saiu em sua direção. Ao vê-lo, foi logo dizendo:

— Bom dia, Sérgio! Sabe me informar se o doutor Edgar está?

Sérgio mediu-o de cima a baixo. Era a primeira vez que se encontravam a sós. Olhou a sua volta para certificar-se de que ninguém os via e respondeu:

— Não. Ele saiu em uma diligência; mas é bom vê-lo. Gostaria de trocar algumas palavras com o senhor. Que tal tomarmos um café longe daqui?

Edson abriu um sorriso. Aquele encontro fora providencial. Sem pensar duas vezes, entrou em seu automóvel e com discrição seguiu Sérgio até um bairro afastado do distrito policial, parando em uma lanchonete.

Sentaram-se a uma mesinha de canto, longe da vista de quem passava pela rua, e cada um pediu um suco. Sérgio, ao ver Edson acomodado, pôs-se a falar:

— Desculpe-me por tê-lo abordado desse jeito. Posso até estar sendo antiprofissional, mas o senhor sabe que sua cliente, depois das últimas notícias, está em maus lençóis, não sabe?

Edson fez que sim, decidindo não falar. Queria saber aonde Sérgio queria chegar com aquela conversa, por isso sorriu-lhe, encorajando-o a prosseguir:

— Pois bem. O que vou lhe dizer é de cunho pessoal, portanto quero que me prometa que não usará no tribunal.

Edson fitou-o, sério. Sérgio era astuto, percebera nele uma certa contrariedade no depoimento de Olívia. Seus olhos diziam que ele pensava exatamente ao contrário de Edgar. Tomou um gole do suco e respondeu:

— Sou um homem de palavra. Não uso recursos obscuros para defender meus clientes, ainda mais nesse caso. Olívia é inocente, tenho certeza. Alguém está tentando incriminá-la, utilizando-se de recursos baixos, como esse e-mail que ela jura não ter enviado.

Edson deu uma piscada para Sérgio, e com essas palavras, colocou em xeque o investigador, que, se sentindo mais à vontade, comentou:

— Também acredito na inocência dela, não sei por quê, mas para mim essa moça está sendo vítima de pessoas perversas que mataram seu marido já pensando em responsabilizá-la.

— Tenho certeza disso. Foi por esse motivo que peguei o caso. Mas me diga, você desconfia de alguém?

— Sim, mas não quero citar nomes. Necessito de tempo para continuar investigando.

Edson fechou os olhos. Ele era médium, conseguia ver e ouvir claramente os espíritos. Foi quando uma voz feminina falou em seu ouvido:

— Fique tranquilo! Sérgio é amigo e irá ajudá-lo. Confie em Deus! Suas preces foram atendidas.

A voz lhe falava com doçura. Edson a viu com os olhos da alma. Tratava-se do espírito de Suzana, uma senhora de meia-idade, alta, de olhos verdes. Vestia-se com uma calça azul-clara e uma blusa branca. Sérgio, ao ver os olhos de Edson fixos em um ponto indefinido, chamou-o realidade, questionando:

— O que aconteceu? Você parece que saiu do ar!

Edson tomou um gole de suco, procurando recompor-se. Ao se sentir melhor, disse-lhe:

— Não sei qual é a sua crença, mas acabo de ver o espírito de uma mulher de meia-idade, olhos verdes, alta, muito bonita, de nome Suzana. Você a conhece?

Sérgio estremeceu. Edson acabara de lhe descrever sua mãe. Tomado de grande emoção, pôs-se a chorar, esquecendo-se por instantes de onde estava e da sua condição de homem inabalável, o que muitas vezes era exigido por sua profissão. Quando se sentiu mais calmo, respondeu:

— É a minha mãe! Eu venho sentindo a presença dela nesses últimos dias.

— Então você acredita que a vida continua após a morte? – Edson se ajeitou melhor na cadeira.

Sérgio enxugou as lágrimas, abrindo um singelo sorriso.

— Minha mãe trabalhava em um centro espírita perto de nossa casa. Ela era médium psicofônica. De vez em quando eu a acompanhava ao centro, mas não dava a devida importância aos estudos doutrinários. Quando minha mãe ficou doente, passei a ouvi-la falar sobre o que pensava a respeito do plano espiritual. Acho que quis me preparar para não sofrer tanto com o seu desencarne.

Sérgio fez uma pausa. Ao ver Edson olhando em seus olhos, interessado no assunto, prosseguiu:

— Minha mãe me explicou como funciona a comunicação entre os dois planos, pediu para eu não ficar indo a centros para conseguir uma comunicação com ela, pois no momento certo, quando ambos estivéssemos preparados e com a autorização dos espíritos esclarecidos, arrumaria um jeito de me dizer que estava viva e bem.

— Pelo jeito sua mãe é um espírito muito esclarecido e está querendo nos ajudar com Olívia. E devo concordar com ela. Há centenas de pessoas que procuram os centros espíritas querendo se comunicar com seus entes queridos e esquecem que o telefone só toca de lá pra cá. E para um espírito obter autorização para se comunicar com os encarnados precisa estar bem, e a comunicação deve ser feita de forma a visar a evolução do receptor da mensagem, jamais por pura curiosidade ou carência.

— Concordo! Conheço muitas pessoas que procuram se comunicar com seus parentes desencarnados para lhes perguntar onde esconderam dinheiro ou joias e até para saberem números de contas bancárias. É claro que não conseguem essa comunicação, aí ficam frustrados e saem falando mal da doutrina espírita para os outros.

— Também já vi muitos casos assim. Algns chegam a dizer que se existisse mesmo vida após a morte, os espíritos com quem os médiuns se comunicam lhes dariam os números a serem sorteados em jogos lotéricos. Pura ignorância. Um médium com ideais sérios, voltado para o bem e a caridade, conhecedor e praticante da doutrina espírita nunca se atreveria a fazer uma pergunta dessas aos espíritos com quem se comunica, mesmo porque sabe que não obteria resposta. Só espíritos ignorantes e zombeteiros se atrevem a fazer tal previsão, sempre mentirosa, no intuito de rir de quem faz tais perguntas. Fazem isso até para que o consulente passe a desacreditar no espiritismo.

Sérgio abriu um belo sorriso e mudou o rumo da conversa, pondo-se a falar de suas histórias como investigador, o que tornou o bate-papo ainda mais agradável.

Edson o escutava, atento, pois sentia que naquele momento encontrara um amigo de outras encarnações que o ajudaria a solucionar os mistérios que cercavam a morte física de Júlio Peixoto.

O tempo passou rápido. Quando eles se deram conta, já estavam atrasados para os compromissos que cada um tinha na parte da tarde e se despediram, prometendo se encontrar no dia seguinte para então definir uma forma de ajudar Olívia.

5

INIMIGOS OCULTOS SE UNEM

Lucas andava de um lado para o outro, quando a figura de Arnom apareceu à sua frente. Arnom era um homem corpulento, moreno, usava vestes ciganas e ostentava uma corrente grossa de ouro. Lucas, ao vê-lo, foi logo dizendo:

— Sei que não está gostando nada dessa amizade entre Edson

e Sérgio, mas saiba que não é culpa minha. Ambos estão sendo protegidos pelo povo da luz. Até tentei fazer alguma coisa contra eles, mas vi uma mulher, fiquei com medo e me afastei.

Arnom balançou a cabeça ao comentar:

— Não sei por que deixei vocês se meterem no meu caso. Pensei que não estava lidando com amadores, mas vejo que me enganei.

Lucas enrubesceu. Ele trabalhava com responsabilidade. Não admitiria que Arnom o insultasse daquela maneira. Decidido a revidar, respondeu à altura:

— Se não estiver satisfeito, é só falar. Não preciso de você para nada. Posso muito bem cuidar de Mário sozinho.

Arnom trincou os dentes, furioso, e pegou Lucas pelo colarinho. Aline, que assistia à discussão dos dois, ao ver Arnom emanando uma luz cinzenta para Lucas que o paralisou, decidiu chamá-lo à realidade:

— Pare com isso, Arnom! Você está desperdiçando suas energias à toa. Não é Lucas que queremos atingir.

Arnom o soltou, e Lucas, fraco, caiu ao chão. Voltando-se para Aline, respondeu:

— Você está certa. Mas esse idiota me provocou. Continue aqui com Olívia. Vou voltar para junto de Júlio. Quero estar a seu lado quando ele acordar.

Arnom saiu do local. Aline, ao se ver a sós com Lucas, passou de leve as mãos em seu rosto.

— Você não deveria desafiar Arnom. Ele tem poder suficiente para destruí-lo. Passou décadas aprendendo técnicas de magnetismo nas zonas mais sombrias do Umbral. Sabe como ninguém sugar as energias de qualquer pessoa.

— E só agora você vem me falar isso? – Lucas tentava em vão se levantar.

Aline pôs-se a rir com a cara feia que ele lhe fizera ao responder. Olhou para Lucas. Ao vê-lo ao chão, fragilizado, teve ímpetos de abraçá-lo, dar-lhe carinho, mas controlou-se. Arnom era vingativo e poderia ficar sabendo se ela o auxiliasse, e não queria se indispor com ele. Assim, abriu um sorriso encantador.

— Fique aí parado, Lucas. Logo se sentirá melhor. Pense em coisas boas. Ajudará a reequilibrá-lo.

— Coisas boas, eu?! – Lucas fez um esgar. – Nunca vivenciei nada de bom. Mas deixe isso pra lá. Vá para junto de Olívia, faça seu trabalho, antes que aquele brutamontes volte e resolva castigá-la.

Aline se afastou de Lucas e foi para o lado de Olívia, que, registrando sua presença, sentiu profunda tristeza.

O dia estava chuvoso naquele outono, deixando a maioria das pessoas um tanto melancólicas com a falta do sol, que havia mais de uma semana não iluminava a cidade com seus raios revigorantes.

Sérgio se encontrava na delegacia. Dois dias se passaram desde a conversa que tivera com Edson, sem que nada acontecesse de novo.

Quando o delegado entrou pela porta principal do distrito, Sérgio notou um brilho indefinido no olhar dele, mas não disse nada. Esperou que ele se acomodasse em sua sala e em seguida se aproximou.

— Bom dia, Edgar! Vai precisar de mim?

— Vou – respondeu Edgar, convicto. – O juiz acatou o pedido da promotoria. Olívia está com a prisão preventiva decretada, portanto temos de cumprir a lei. Quero que vá pessoalmente lhe dar voz de prisão.

Sérgio sentiu o sangue ferver ao notar o ar de felicidade de Edgar. Teve ímpetos de dizer-lhe o que pensava a respeito daquela atitude, mas conteve-se; afinal, indispor-se com Edgar só prejudicaria ainda mais Olívia. Desse modo, procurou dissimular sua contrariedade, dizendo:

— Deixe comigo! Mas farei do meu jeito, tudo bem?

Edgar fitou-o com frieza antes de lhe responder:

— Está bem. Faça como achar melhor, desde que a traga a esta delegacia o mais rápido possível.

Sérgio girou nos calcanhares e saiu. Antes de ir, ligou para Edson, relatando o ocorrido. Em pouco mais de meia hora, chegou à casa de Olívia e foi recebido pelo advogado. Ao ver a face sofrida de Olívia chorando, aproximou-se dela.

— Sei que este momento é difícil, mas deve confiar em Deus. Tenho certeza de que em breve esse pesadelo acabará!

— Deus?! Que Deus é esse que permite que uma injustiça como esta aconteça? Não acredito mais nele. Desde que meu marido faleceu, só tenho pedido a Deus que o culpado apareça, mas você veio aqui para me levar, não foi? Então faça seu trabalho! – respondeu Olívia, com a voz cheia de ódio.

Sérgio, procurando não entrar naquela sintonia, não revidou. Olívia estava visivelmente perturbada. Virou-se para Edson, que trocou olhares com ele e, aproximando-se de Olívia, pegou-a pelo braço.

— Venha. Você irá à delegacia no meu carro. Sérgio está do nosso lado, não vai fazê-la passar pelo constrangimento de ser conduzida na viatura policial.

Olívia deu de ombros e deixou-se levar por Edson. Naquele momento, pouco lhe importava como seria presa. O fato era um só: começava a pagar por um crime que não cometera.

O tempo se arrastou. Olívia foi conduzida à delegacia, onde registrou as impressões digitais e foi fotografada segurando uma placa com o número da ficha policial. Em seguida, conduziram-na ao IML para fazer o exame de corpo de delito. Antes do anoitecer, foi levada para uma delegacia que abrigava detentas com nível superior de ensino e deixada em uma cela separada.

Edson e Sérgio a acompanharam em todos os procedimentos. Ao saírem do distrito, estavam exaustos. Edson chamou o amigo para tomar um café e foram a uma padaria próxima ao local. Após se sentarem e fazerem seus pedidos, Edson comentou:

— Olívia foi rude com você, mas ela não é assim. Espero que entenda.

Sérgio esperou o balconista lhe servir o café com leite e disse:

— Eu entendo, não me magoo fácil. Olívia não sabe lidar com seus sentimentos e suas emoções. Cala-se na hora que deve falar e age quando deve se omitir. O que ela não sabe é que foi exatamente esse seu desequilíbrio que a conduziu a esta situação.

— Tenho de concordar com você, mas Olívia é inteligente. A vida está lhe dando a oportunidade de amadurecer com essa situação e tenho certeza de que ela acabará percebendo isso. E quando acontecer, conseguirá provar sua inocência.

Edson se calou. O dia fora exaustivo, não esperava que o juiz concedesse a prisão preventiva. Sérgio, ao vê-lo com o olhar perdido no espaço, comentou:

— Você deve estar cansado. Amanhã estarei de folga e poderemos nos encontrar na parte da tarde. O que acha?

— Combinado! Mas onde nos encontraremos?

— Na minha casa. Vou lhe passar o endereço. — Sérgio pegou um pedaço de papel e dez a anotação.

Após combinarem o horário, os dois se despediram, seguindo cada qual o seu caminho de volta a seus lares.

Sandra entrou no escritório com ar triunfante. Ocuparia pela primeira vez a mesa que era de Olívia, tornando-se finalmente a chefe de contabilidade da empresa. Sentia-se radiante.

Ivone, ao vê-la entrar na sala, limitou-se a cumprimentá-la com um bom-dia desinteressado, sem desviar a atenção da tela do computador, o que a irritou.

"Não vejo a hora de poder mandar embora essa sonsa. Não vou ter o respeito dela, mas isso não vai ficar assim", pensou Sandra, antes de perguntar com o tom de voz alterado:

– Dona Ivone, a senhora já fez o relatório dos gastos extras que lhe pedi?

Ivone a olhou de cima a baixo antes de soltar uma gargalhada, o que enfureceu Sandra ainda mais.

— Não sei do que está rindo. Por acaso tem alguma palhaça aqui? Não sei se percebeu, mas agora sou sua superior. Exijo respeito.

Ivone parou o que fazia e encarou sua interlocutora.

— Não seja patética, Sandra! Para ser respeitada, primeiro terá de se dar ao respeito. Com relação a sua pergunta, deixei esse relatório na sua mesa ontem, no final do expediente. Veja se aprende a dar ordens. No mais, se quiser me mandar embora, esteja à vontade. Estou acostumada a lidar com profissionais como Olívia, e não com amadores feito você. Agora, se me der licença, tenho um trabalho a terminar. — Ivone se calou e voltou os olhos para o computador.

Sandra respirou fundo, precisava ter calma. Indispor-se com Ivone naquele momento poderia ser prejudicial a sua imagem, por isso resolveu esquecer aquele assunto e pôs-se a trabalhar.

Lucas, que estava próximo a ela, comentou consigo mesmo:

— É, Sandra, eu a coloquei onde você queria, mas não perde por esperar. Mário pagará caro pelo que fez, e para isso precisarei de sua ajuda.

Lucas soltou uma risada estrondosa. Sandra, registrando as emanações dele, pôs-se a pensar em Mário. Ela não estava apaixonada, não entendia como se deixara envolver por ele, mas achou aquela situação cômoda. Decidira-se a continuar com aquele romance, pois acreditava que Mário ainda poderia ser-lhe útil.

E com isso em mente, passou o resto da manhã sem se preocupar com mais nada que não fosse de interesse pessoal.

6

A FORÇA MÁGICA DO CORAÇÃO

Olívia andava de um lado para o outro quando a carcereira abriu a cela, dizendo:

— Acabou a moleza, meu bem! A partir de hoje você vai conviver com outras detentas. Seja boazinha que tudo ficará bem.

Olívia não respondeu. Estendeu as mãos para que ela lhe colocasse as algemas e seguiu-a por um longo pavilhão. Naquele momento nada lhe importava. Olhou apática as paredes cinzentas daquela prisão. Em poucos minutos foi colocada em uma cela com outras quatro detentas. Olívia não esboçou nenhuma reação, encostando-se a um canto.

Darli, uma das presas, ao vê-la com os olhos marejados, esforçando-se para não chorar, mediu-a de cima a baixo, questionando:

— E aí, dondoca, o que fez para parar aqui? Matou algum passarinho?

As presas começaram a rir. Olívia pensou em ignorá-las, mas com medo de passar por antipática e angariar futuras inimizades, respondeu mecanicamente:

— Estou sendo acusada de matar meu marido, mas sou inocente.

Darli gargalhou. Telma foi quem lhe responde em tom de zombaria:

— Aqui todas somos inocentes, colega! Eu, por exemplo, fui acusada de dar café com veneno para a minha sogra, mas sou inocente. A velha era tão ruim que não morreu na hora. Ainda a levaram ao hospital. Você acredita que ela, mesmo agonizando, me entregou?

Olívia riu pela forma como a mulher lhe falava. Darli, ao vê-la com a fisionomia um pouco melhor, estendeu a mão, cumprimentando-a.

— Meu nome é Darli! – Apontou para a outra. – E essa maluca é Telma. Ela usa essa história fictícia para descontrair toda moradora nova desta cela, e consegue. Na verdade está presa por estelionato. Eu não matei ninguém, mas encontraram em meu apartamento alguns colares de ouro que não sei como saíram da joalheria e foram parar lá, mas acredite: não roubei nada e vou morrer negando. Como vê, somos todas inocentes.

Olívia esboçou um sorriso. As outras duas também se apresentaram e contaram sobre quais delitgos estavam respondendo. Olívia se achava em uma cela com presas que à espera do julgamento. Aquele lugar era frio, sem vida, mas Olívia encontrava naquele momento calor humano, o que a deixava um pouco mais tranquila.

Enquanto isso, no mesmo local, Lucas e Aline discutiam:

— Não posso ficar o tempo todo com você aqui, Aline. Que droga! Tenho de cuidar de Mário. Não posso vacilar.

— Ah, você é muito gentil me deixando aqui sozinha. Já viu os tipos que estão neste lugar? Ainda há pouco vi um homem todo perfurado por balas, encostado na mulher que o assassinou, sugando de todas as formas suas energias.

— E quer que eu faça o quê? Cadê Arnom? – Lucas arqueou as sobrancelhas.

Aline pôs-se a andar de um lado para o outro.

— Não é justo, está tudo errado! Eu não fiz nada e estou aqui junto com essa sem graça, pagando pelo crime que ela e Júlio cometeram há mais de um século.

— E por que não fala isso ao seu amigo? Eu também não fiz nada para estar aqui com Olívia. Estamos empatados.

Aline não respondeu, estava furiosa. Odiara aquele lugar desde o primeiro momento em que ali pisara, mas não podia fazer nada. Arnom, a cada dia que se passava, tornava-se mais alucinado com a presença de Júlio, esperando ansioso pelo acerto de contas que finalmente teria com ele.

Suzana, que observava os dois sem que ele pudessem vê-la, aproveitando-se do momento de fragilidade, resolveu aparecer, dizendo:

— Vocês estão cansados. Por que não deixam de lado essa história de vingança? Perdoem! O perdão tornará a alma mais leve.

Lucas olhou para Aline que, estática, não conseguiu esboçar uma reação sequer.

— Eu não sei do que está falando. Nós não temos ódio de ninguém, apenas desejamos buscamos que a justiça seja feita. Agora, se nos der licença, queremos ficar a sós.

Suzana estendeu os braços. De suas mãos saíram feixes de luz azul, que deixaram o ambiente mais tranquilo. Em seguida, fitou os dois com ternura e comentou:

— Não quero obrigá-los a nada. Onde estou, todos vivemos em paz. Cada um faz aquilo que lhe agrada, ninguém é obrigado a fazer o que não lhe der prazer. Quando acharem que estão preparados para perdoar, me chamem mentalmente que virei buscá-los. Agora, fiquem com Deus, e que o Universo, com sua sabedoria, os cubra de amor e paz.

Suzana abriu um sorriso e se tornou invisível para os dois. Aline, ao se ver a sós com Lucas, comentou, pasma:

— Você sentiu o que eu senti? Essa mulher me fez experimentar uma sensação de serenidade que nunca tive antes.

— Eu também senti, mas esqueça isso. Essa é mais uma artimanha desse povo. Eles vêm todos doces, sorrindo, com ar de bonzinhos, só para a gente cair nas garras deles.

Aline ponderou por alguns segundos.

— Talvez você tenha razão, Lucas. Vamos esquecer essa mulher e pronto.

Lucas abriu um sorriso e, ao ver o semblante de Aline mais descontraído, comentou:

— Agora tenho de ir. Qualquer necessidade, me chame, ok?

Aline fez que sim com a cabeça. Ao ver Lucas sair, pôs-se a analisar atentamente para aquele lugar, onde o ódio e o sofrimento criaram uma atmosfera sufocante para quem se achava no plano espiritual. Não estava acostumada àquele ambiente. Nunca fora a lugares do astral carregados de ódio e revolta, embora cultivasse esses sentimentos havia longo tempo.

Quando desencarnou, encontrou Arnom a sua espera, para juntos vingarem-se de Júlio e de Olívia. Aprendera tudo o que sabia com ele, mas agora, ao ver aquelas pessoas que faziam justiça com as próprias mãos e as suas vítimas lhes sugando as energias, jurando vingança, começava a se enojar de si mesma.

Lembrou-se de Júlio quando ainda vivia ao seu lado, em sua encarnação passada. Apesar de não amá-la, sempre a tratara com respeito, tentando por longos anos viver um amor que nunca existiu. Aline começou a chorar.

Suzana, que permanecera no local sem que eles percebessem, resolveu reaparecer. Aproximou-se de Aline, que, frágil, deixou-se abraçar por ela, ficando em seus braços por um longo tempo. Suzana, ao vê-la mais calma, comentou:

— A vida é sábia, minha querida. Ela a colocou no local e momento certos para que você visse através das atitudes de outras pessoas as mesmas que tivera durante esses anos todos.

Suzana esboçou um profundo suspiro. Aline a ouvia, atenta. Após enxugar as lágrimas que escorriam pelo rosto da jovem, prosseguiu:

— Agora analise sua situação. Júlio se casou com você contra a vontade. Mesmo assim, embora fosse fechado, tratou-a bem, não deixou lhe faltar nada, foi um excelente pai, apesar do que fez a você e a Arnom, criando seus filhos com carinho. E você, o que fez? Viveu infeliz, desencarnou ainda jovem e permaneceu estacionada por um século, presa a uma vingança que não a levou a nada. Veja Júlio! Foi assassinado brutalmente e está agora em poder de Arnom. E Olívia, presa. Vocês conseguiram o que queriam. E o que ganhou com isso, Aline?

Suzana calou-se, deixando Aline perdida em seus pensamentos. As duas continuaram abraçadas. Aline, após analisar o que ouvira, levantou-se, dizendo:

— Você tem razão! Mas passei tanto tempo me preocupando com essa maldita vingança que agora não sei o que fazer de minha vida.

— Pode vir comigo, se quiser. Na cidade onde moro tem escolas, teatros. Você poderá trabalhar e estudar.

— Sério?! – Aline abriu um sorriso de orelha a orelha.

Mas naquele momento as figuras de Lucas e Arnom passaram em sua mente. Suzana, ao ver a ruga de preocupação que se formou na testa de Aline, questionou:

— O que foi? Ficou triste de repente!

— Não posso ir com você. Não será justo. Como poderei ser feliz deixando Olívia nessa situação? E depois, tem Lucas. Preciso fazê-lo desistir de se vingar de Mário. E Arnom, que se tornou um pai para mim? Não posso abandoná-lo no estado de loucura em que se encontra.

— Bom, se pensa assim, fique para ajudá-los, mas quero que saiba que a vida, no momento em que eles estiverem maduros, saberá como agir para o melhor – respondeu Suzana, em tom maternal.

— Acho que já aprendi isso, mas quero ficar mesmo assim. Vou me sentir mais útil ajudando-os pessoalmente. Tem alguma ideia de por onde devo começar? – indagou Aline, com certa ingenuidade, fazendo Suzana rir delicadamente.

— Você deve começar por Olívia. Ela já está acostumada com sua sintonia. Será fácil fazê-la reagir. Agora tenho de ir. Se precisar, já sabe. É só pensar em mim que virei atendê-la assim que for possível.

Suzana deu mais um abraço carinhoso em Aline e se foi, deixando-a tentando achar uma maneira de influenciar Olívia.

Edson conversava com Ivone quando Sérgio se aproximou. Eles estavam em uma lanchonete. Edson, ao vê-lo, levantou-se e estendeu-lhe a mão, dizendo:

— Que bom que veio! Eu e Ivone aguardávamos ansiosos a sua presença.

Sérgio retribuiu o cumprimento. Após dar um beijo na face de Ivone, sentou-se.

— Desculpem-me pelo pequeno atraso. Estava investigando um caso de homicídio. Pelo jeito, um acerto de contas entre bandos rivais – comentou Sérgio, procurando dar um ar de banalidade a conversa.

Ivone, ao vê-lo remexer-se na cadeira, inquieto, comentou:

— Você deve ser um homem muito ocupado. Agradeço a Deus todos os dias por vê-lo empenhado em ajudar Olívia.

— Não gosto de injustiças. E, por falar no caso dela, pedi para Edson providenciar esse encontro com você porque acho que poderá nos ajudar.

— Eu? – Ivone se espantou.

Edson, não entendendo aonde o investigador queria chegar, questionou-o.

— É muito simples, Edson. – Sérgio sorriu, malicioso. – Acabo de descobrir que o dono do hotel é amigo daquele repórter que Olívia agrediu.

— Nossa, então ele mandou o e-mail para se vingar de Olívia? Foi isso? – interrompeu Ivone, eufórica.

— Mais ou menos. É aí que você entra. Eu soube por fontes seguras que esse Mário está namorando muito discretamente sua colega de trabalho, Sandra.

Ivone arregalou os olhos.

— Não acredito! Mas como? Ele e Sandra? Por que ela não disse nada? Ainda mais Sandra, que sai anunciando aos quatro cantos quando arruma um coitado para namorar!

Sérgio trocou olhares com Edson, que, percebendo aonde o investigador queria chegar, disse:

— Elementar, minha cara. Se os dois estão se encontrando às escondidas, é sinal de que há algo estranho, e isso explica muita coisa. Esse repórter sabia muito sobre Olívia, como o seguro de vida que Júlio deixara para ela, meses antes do ocorrido, e onde Olívia estava hospedada. Na certa foi essa Sandra quem lhe passou as informações, e só alguém muito próximo a Olívia conseguiria acesso a sua conta de e-mail. Agora, o que não compreendo é o que essa moça ganhou ao incriminar Olívia.

— Pois eu sim. A promoção. Sandra sempre demonstrou interesse pelo cargo de Olívia, e o conseguiu. – Ivone estava muito zangada.

Sérgio, aproveitando-se da deixa, comentou:

— Não é só isso. Algo me diz que essa Sandra está envolvida diretamente na morte de Júlio.

— O quê?! – Ivone o encarou, abismada. – Desculpe-me, mas não posso acreditar. Sandra é invejosa e ambiciosa, mas não passa disso!

— Não entrei em detalhes, mas em breve conseguirei provas do que digo. Agora, o que quero é que você fique atenta a todos os passos de Sandra, com quem ela conversa ao telefone, aonde vai depois do trabalho, tudo.

— Pode deixar! Vou ficar de olho vivo nela. – Ivone o brindou com um lindo sorriso.

Sérgio, ao vê-la sorrir, pôs-se a prestar mais atenção a seu rosto, seus gestos. Ivone era discreta, inteligente e muito bonita. Edson, ao ver os dois trocando olhares, resolveu deixá-los a sós, e forçou um bocejo.

— Bom, crianças, o papo está bom, mas tenho de ir. Amanhã acordo cedo.

Edson quis pagar a conta, mas Sérgio não permitiu.

O casal, então, ficou sozinho. A noite estava agradável. Sérgio aproveitou-se da situação para saber um pouco mais sobre a vida de Ivone.

— Edson me disse que você mora sozinha em uma casa grande. Não quer se casar? Pois não posso acreditar que uma mulher bonita e inteligente escolha a solidão por companheira.

— Ora, Sérgio! Quem escutar você falando assim pensará que tenho dezenas de pretendentes.

— Não tem? – perguntou Sérgio, com um sorriso maroto nos lábios.

Ivone ficou vermelha.

— Bem... Até tenho alguns, mas nenhum que faça meu coração bater mais forte, e, até que isso aconteça, prefiro ficar sozinha.

Sérgio olhou para os lados. Ivone era encantadora. Sentira, desde o momento rm que Edson os apresentara um carinho inexplicável por ela, o que o fez criar coragem para mais uma pergunta indiscreta:

— E seus pais, onde moram?

Ivone exalou um profundo suspiro. Não gostava de falar sobre seu passado, mas Sérgio mostrava-se gentil. Percebera nele um certo interesse que ia além da amizade. Decidida a expor-lhe sua vida íntima, tomou um gole de suco de laranja e respondeu:

— Não conheço meus pais biológicos, fui adotada quando ainda era criança. Meus pais adotivos já tinham uma idade avançada quando me adotaram. Os dois me deram amor, carinho e estudo como se fosse filha legítima deles. Nossa sintonia era tão forte que os laços sanguíneos se anularam. Eu me sentia sua filha, e eles, meus pais. Até que um dia Deus levou minha mãezinha, já idosa. Meu pai não aguentou a solidão e se entregou a um enfisema pulmonar, desencarnando meses depois. Fiquei sozinha.

Ivone fez uma pequena pausa para enxugar uma discreta lágrima que insistia em cair por sua face e prosseguiu:

— Foram tempos difíceis para mim. Meus pais tinham alguns imóveis que acabei vendendo. Eu não trabalhava, havia ficado com dívidas de hospital e remédios. Quitei essas dívidas e fui atrás de emprego. Foi quando entrei nessa empresa em que estou hoje e conheci Olívia, que se tornou amiga-irmã para todas as horas.

Ivone se calou. Sérgio teve ímpetos de abraçá-la, mas conteve-se. Não queria que ela pensasse que ele era aproveitador. Decidiu falar um pouco mais de si mesmo, quebrando o clima melancólico que se instalara no local.

As horas passaram sem que eles percebessem. Sérgio fez questão de acompanhar Ivone até sua casa, e, após vê-la trancar o portão, deu partida no carro e foi embora, feliz pela noite que tivera.

7

É PRECISO TOMAR AS RÉDEAS DA PRÓPRIA VIDA

— Acorde, Olívia! Deixe de sentir piedade de si mesma! Você não é coitadinha. Veja o que fez da sua vida. Passou anos aturando um homem que não a amava, sofria agressões físicas e verbais. Aceitou tudo passivamente, está sendo acusada de um crime que não cometeu e, em vez de reagir, o que fez? Nada, a não ser chorar pelos cantos. Mude de vida, mulher. Coloque pra fora toda sua força interior e vá à luta!

Olívia remexeu-se no leito desconfortável da cela. A noite ia alta. Ela não podia ouvir a voz de Aline, que lhe falava o tempo inteiro, mas registrara aquelas informações como se fossem seus próprios pensamentos.

— Está certo! Preciso reagir — disse a si mesma.

Sentiu vontade de chorar, mas controlou-se. Não queria acordar suas colegas. Lembrou-se de sua vida. Fora de fato fraca. Se tivesse tomado uma atitude com Júlio, talvez hoje sua situação fosse outra. Com certeza não estaria naquele lugar, talvez até tivesse encontrado um homem que a amasse e respeitasse de verdade.

"Mas nada está perdido!", decidiu.

E nessa sintonia, passou a noite acordada. Já passava das seis horas da manhã quando a carcereira entrou na cela com o café. Olívia tomou um gole do leite quente, observando as outras detentas acordarem. Darli, ao vê-la de pé, a questionou:

— Ué! O que aconteceu? Você é sempre a última a se levantar!

Olívia abriu um leve sorriso. Ela e Darli tornaram-se íntimas, e foi em tom amigável que lhe respondeu:

— Decidi ser senhora do meu destino. Hoje sai o resultado do *habeas corpus*. Estou ansiosa. Não vejo a hora de sair daqui e provar a minha inocência.

— Tomara que o desembargador aceite o pedido, mas devo lembrá-la de que o juiz o negou em primeira instância, e talvez o desembargador faça o mesmo. Digo isso não para te agourar, mas porque não quero vê-la chorando pelos cantos.

— Eu sei, minha querida, mas não se preocupe. Tenho certeza de que serei solta. E depois, esta noite jurei para mim mesma que nunca mais derramarei uma lágrima na minha vida.

Darli abraçou carinhosamente Olívia. Telma, ao vê-las abraçadas, brincou:

— Parem com isso, suas loucas! Detesto esse tipo de lambe-lambe, ainda mais logo pela manhã. Olha que coloco veneno no café de vocês também!

As duas riram prazerosamente.

O dia passou lento na prisão. Olívia tomava o banho de sol quando uma das carcereiras aproximou-se dela, trocou algumas palavras ao pé do ouvido e pegou-a pelo braço, levando-a até a sala da diretora, onde Edson a esperava para levá-la para casa. Foi com um certo alívio que Olívia deixou para trás aquele presídio.

No caminho à casa de Ivone, permaneceu calada. Edson não disse nada, mas percebeu um brilho indefinido em seus olhos. Algo lhe dizia que ela nunca mais seria a mesma.

Olívia entrou na residência da amiga e olhou com atenção para a mobília. Sentira falta daquele ambiente durante sua estada na cadeia. Edson, ao vê-la percorrer os cômodos com o olhar, comentou, procurando ser gentil:

— Ivone está trabalhando, mas me deixou incumbido de dar-lhe as boas-vindas. Pediu-lhe que a espere bem arrumada, pois ela está preparando uma surpresa para você.

Edson abriu um sorriso encantador. Olívia o fitou, admirada. "A vida me deu um limão, mas também está me proporcionando o açúcar para fazer a limonada", pensou.

Edson, querendo saber o que se passava em sua mente, indagou:

— O que foi? Você está tão misteriosa...

— Esses dias que passei na prisão me fizeram rever minhas atitudes. Eu estava sendo egoísta, Edson, pensando só em meus dramas particulares, me esquecendo de olhar para os lados. Mas me dei conta de que estava errada. Não via que, apesar dessa tragédia, a vida colocou pessoas boas em meu caminho, dispostas a me ajudar, como você e esse investigador que acabei tratando mal injustamente. Só espero poder consertar esses meus erros a tempo.

— Sempre há tempo para reparar qualquer erro, minha querida. Deus é pai amoroso, sempre oferece novas oportunidades a seus filhos para se corrigirem. – Edson apanhou sua pasta, que colocara em cima da mesa. — Agora tenho de ir. À noite conversaremos melhor. E não esqueça: quero vê-la bem disposta.

— Você verá! – Olívia o levou até a porta, onde se despediu dele com um aperto de mãos.

Olívia foi para seu quarto, sentando-se à frente da penteadeira. Viu sua figura refletida no espelho e não gostou. Ela estava mais magra, abatida, os cabelos desgrenhados e sem vida. Um profundo suspiro saiu de sua boca. Decidida, ficou de pé, pegou a bolsa e saiu para a rua, de cabeça erguida, como não fazia desde o enterro de Júlio, com medo de ser reconhecida.

Olhou para o céu; a tarde ia alta. O inverno já chegara, mas o sol a aquecia, e ela se sentiu ainda melhor. Andou mais alguns quarteirões até encontrar um salão de beleza e entrou. Em pouco mais de duas horas, saiu do local, voltando para casa. Após tomar um banho demorado, arrumou-se com primor.

O que ela não pôde testemunhar foi a presença de Aline, que, ao vê-la lindamente vestida e renovada, deu pulos de alegria. E foi nesse clima que Lucas a encontrou. Ao ver a figura de Olívia, abriu e fechou a boca, ficando por minutos calado. Aline, ao vê-lo abobalhado, perguntou:

— O que foi? Nunca viu uma mulher dar a volta por cima?

— Já, já vi muitas! O que nunca vi foi alguém que está incumbido de vampirizar a energia de uma pessoa ficar feliz por vê-la bem disposta, o que significa que está falhando em seu trabalho – respondeu Lucas, irritado.

Aline, não se fazendo de rogada, lhe respondeu:

— Decidi ajudar Olívia. E qual é o problema?

Lucas suspirou fundo. Não era só Olívia que estava diferente. Aline também. Havia um brilho de alegria em seus olhos, coisa que nunca vira antes. Procurando entender o que se passava, questionou:

— Por que isso agora? Arnom por acaso sabe disso?

— Não! E você também não vai contar.

Lucas passou os dedos pelos cabelos, nervoso. Não queria acreditar em seus olhos. Tivera um dia difícil ao lado de Mário e ainda discutira com Nilma. Agora encontrava Aline com Olívia, feliz da vida. Era demais para um dia só. Lucas respirou fundo, procurando controlar-se, ao dizer:

— Está bem. Você mudou de ideia, resolveu mudar de estratégia. É isso?

— Não, seu bobo! – Aline deu um tapinha de leve em seu ombro. – Estive pensando no que fiz de minha vida, só isso.

Lucas ficou pensativo. Lembrou-se de Suzana, da forma gentil com que ela os abordara dias atrás.

— Aposto que foi aquela mulher que te enfeitiçou. Você está sob efeito de alguma energia dela.

Aline deu risada.

— Deixe de ser piegas, Lucas. Suzana conversou comigo, sim, mas os conselhos dela foram apenas a gota d'água para o meu copo transbordar. Há muito tempo venho pensando em mudar. Depois que Arnom surtou, tornou-se latente isso em mim; e, se eu fosse você, faria o mesmo.

Lucas trincou os dentes. Aline fora longe demais. Pedir para perdoar Mário era um absurdo, ainda mais ela que não sabia o porquê daquele ódio. Não perdoaria nunca. Mário pagaria caro pelo que lhe fizera, disse a si mesmo, antes de responder:

— Nunca! Mário irá provar do próprio veneno, ou não me chamo Lucas!

— Mas o que ele lhe fez? Vamos, me diga! – perguntou Aline, desafiadora.

Lucas a fitou, sério, e em seguida, pôs-se a falar:

— Ele acabou com a minha vida.

— Está certo, mas me conte com detalhes o que aconteceu – Aline o instigou, ao perceber que o rapaz não queria esmiuçar seu passado.

Lucas sentiu um nó na garganta, mas, diante do olhar perscrutador de Aline, respirou fundo para criar coragem e pôs-se a narrar:

— Você não sabe o que é ter sua vida devastada de uma hora para a outra, e foi isso que Mário fez. Eu tinha uma existência tranquila, humilde, trabalhava como feirante, vendia laranja em uma barraca de frutas. Morava sozinho em uma casa simples, na periferia da cidade, mas era feliz. Adorava acordar de madrugada para armar a barraca de feira cada dia em um bairro diferente. As freguesas gostavam de mim porque eu brincava muito com elas, falava o tempo inteiro aqueles chavões do tipo: "Olha aí, freguesa, laranja fresquinha! Moça bonita não paga, mas também não leva!".

Lucas fez uma pequena pausa para enxugar uma lágrima que se formava no canto do olho, e prosseguiu:

— Até que um dia, ao voltar para casa, escutei um fraco gemido vindo de um terreno baldio. Não pensei duas vezes e me embrenhei mato adentro na tentativa de encontrar o dono daqueles gemidos, para ajudá-lo. Foi quando vi a pequena Bia deitada no chão, seminua. Beatriz era filha de uma vizinha. Eu a vi nascer. Tinha por essa menina verdadeiro afeto paterno. Sempre que podia, levava frutas para ela e sua família. Ao vê-la ali gemendo, desprotegida, não pensei duas vezes. Eu a abracei, tentando com o meu carinho amenizar seu sofrimento. Peguei-a no colo e já estava para sair do matagal quando a polícia chegou.

Aline ouvia muito atenta a narrativa de seu amigo, com os olhos marejados.

Após respirar fundo, Lucas seguiu em frente:

— Naquele primeiro momento, fiquei feliz em vê-los, assim poderíamos salvar a pequena Bia, uma vez que o socorro chegasse a tempo, mas veio um policial em minha direção, tirou a menina dos meus braços, enquanto um outro me deu uma rasteira, fazendo com que me desequilibrasse e caísse no chão, e pôs-se a me chutar. Eu pedia pelo amor de Deus para ele parar, tentei explicar que não fui eu que fiz aquilo com a menina, mas foi em vão. Ele já tinha decretado a minha sentença.

"Na delegacia, fui humilhado, o delegado estava revoltado. A menina havia morrido nos braços de um policial, o que piorou ainda mais minha situação. Neste ínterim, Mário apareceu na delegacia após se inteirar com o delegado do que havia acontecido, e foi até a saleta onde eu estava, acompanhado do fotógrafo.

"Eu sentia muita dor pelo corpo todo, mas, quando Mário se identificou, acreditei por um segundo que aquele homem poderia me ajudar e lhe relatei o que ocorreu. Pedi, implorei por sua ajuda. Ele mostrou-se compadecido de meu sofrimento, prometeu fazer de tudo para me tirar dali, disse que Roberto iria tirar uma foto minha para ele contar minha história no jornais, caso o delegado não me soltasse.

"Foi com esperança que me ajeitei para sair bem na foto. Depois disso, eles se foram e nunca mais voltaram. Fiquei preso por três meses. Nesse meio-tempo, passei por todo tipo de humilhação e sofrimento possível e imaginável. Você não faz ideia do que passa um acusado de estupro dentro da prisão. Não tenho nem coragem de lhe relatar."

Lucas fez novamente uma pequena pausa para recuperar o fôlego e continuou:

— Eu não tinha ninguém para me apoiar. Dizem que todo cidadão tem direito a um advogado pago ou do estado, e eu tive o meu, um homem rude que mal olhou para a minha cara, nem sequer ouviu o que eu tinha para dizer. Minha impressão foi de que ele apareceu na delegacia só para registrar presença.

"Aí saiu o resultado do exame que fizeram do esperma que recolheram das partes íntimas da pequena Bia e, enfim, constataram minha inocência. Saí da prisão de cabeça baixa. Eu não tinha para onde ir, fiquei sabendo através de um amigo que foi me visitar na prisão que haviam colocado fogo em meu quartinho. Sem saber o que fazer, procurei meu patrão.

"Ele me deu apoio, me deixou dormir na garagem onde guardava o seu caminhão, mas não devolveu o meu emprego. Ele mostrou o jornal que havia guardado com a minha foto estampada e os seguintes dizeres: 'Monstro preso por estupro de criança'. Quando li a matéria assinada por Mário Monteiro, fiquei cego e fui para a frente do prédio onde funcionava o jornal. Esperei até vê-lo sair no hall do edifício.

"Fui ao seu encontro e exigi que ele escrevesse uma matéria se retratando. Mário zombou de mim, disse que ninguém se interessaria em ler uma matéria sobre um pobre coitado, vítima de um engano da polícia, como tantos outros por aí, e foi embora.

"Naquele momento decidi acabar de uma vez com todo o meu sofrimento. Voltei para a garagem onde dormia feito um cão de guarda do local. Eu sabia que esse patrão guardava em um pequeno armário veneno para matar ratos. Sem pensar duas vezes, engoli todas as bolinhas, pensando que nunca mais veria a luz do sol."

Lucas se calou. Aline, enxugando as lágrimas que se derramaram abundantemente por suas faces rosadas, comentou:

— Foi quando acordou no astral e percebeu que a vida continua, e decidiu se vingar de Mário.

— Isso mesmo. Acordei com muita dor no estômago. Nilma me viu e me ajudou a recuperar a saúde, então passei a trabalhar com ela ao mesmo tempo que planejava vingar-me de Mário, o que estou fazendo hoje, e ninguém vai me impedir.

Lucas fechou os olhos e saiu dali, deixando Aline com o coração apertado, pensando na sofrida história de seu amigo.

As primeiras estrelas do céu começavam a aparecer quando Ivone entrou em casa com alguns pacotes nas mãos. Olívia, que estava em seu quarto dando os últimos retoques na maquiagem, ao ouvir o barulho na sala foi ao encontro de Ivone, que, ao vê-la, abriu e fechou a boca, paralisada.

Olívia estava deslumbrante. Além do corte moderno de cabelo, fizera reflexo com várias tonalidades entre louro-prateado e caramelo, e usava um vestido verde-bandeira que destacava ainda mais o tom de sua pele. Ivone, após observá-la com atenção, abraçou-a calorosamente. Ao afastar-se, disse:

— Menina, você está linda! O que deu em você para mudar de maneira tão radical?

Olívia abriu um sorriso ao lhe responder:

— Decidi mudar de vida e comecei pelo meu visual. E depois, Edson disse que vamos receber algumas pessoas hoje para comemorar minha liberdade. Meus amigos não merecem estar ao lado de uma mulher desleixada, que chora o tempo todo. Essa Olívia está morta e enterrada.

— Estou vendo! – Ivone se admirava cada vez mais com a mudança da amiga. – Bem, eu trouxe alguns quitutes. Sérgio ficou de trazer um bom vinho. Preciso tomar um banho e tentar ficar um pouco bonita, senão ninguém vai olhar para mim.

— Fique tranquila. Não vai precisar fazer nenhum esforço para isso. Agora, vá se arrumar. Deixe que eu preparo a mesa.

Ivone foi para seu quarto sentindo imensa alegria ao ver a amiga bem disposta, muito diferente da Olívia dos últimos tempos.

Já passava das oito da noite quando Sérgio e Edson chegaram. Os dois olharam admirados para Olívia, que os recebeu com alegria e os conduziu à sala. Fazendo-os sentarem-se, informou:

— Ivone está terminando de se arrumar. Vocês querem algo para beber?

Sérgio levou a mão à testa, dizendo:

— Caramba, esqueci o vinho no carro!

Olívia e Edson riram, enquanto Sérgio se levantava para buscar o vinho. O clima estava agradável. Quando Sérgio voltou para o local, encontrou Ivone. Após fazer-lhe um elogio, beijou-lhe o rosto. A atitude fez Olívia e Edson se entreolharem, sem nada dizer.

Os quatro entabularam uma conversação animada. Edson, a certa altura, aproveitou-se do momento para dizer:

— Proponho um brinde a essa nova Olívia que estamos conhecendo hoje! Que ela consiga superar todos os obstáculos que a vida colocou em seu caminho para o seu adiantamento espiritual!

Os quatro ergueram as taças e brindaram. Sérgio aproveitou o ensejo para fazer uma declaração para Ivone. Olhando-a em seus olhos, disse:

— Um brinde ao amor e a essa mulher maravilhosa que conquistou meu coração!

Ivone abaixou os cílios, sem graça. Olívia bateu de leve em seu ombro, dizendo:

— Vocês estão namorando e você não me disse nada, não é, amiga da onça?

— Ora, Olívia! Ainda não tivemos tempo para colocar as fofocas em dia. E por falar nisso, vou ter de ser desmancha-prazeres, mas Olívia precisa saber o que Sérgio descobriu.

Um breve silêncio se fez, quebrando o clima alegre do momento. Ivone, procurando encontrar as palavras certas, pôs-se a relatar as descobertas de Sérgio. Olívia a ouvia, atenta. Esperou a amiga finalizar e comentou:

— Não posso acreditar que fiquei tantos anos com uma cobra ao meu lado. Mas faz sentido. Sempre percebi uma ponta de inveja por parte de Sandra. Mas deixe comigo. Essa cascavel me paga.

— Não deixe que o ódio tome conta de seu coração, Olívia. Vamos encontrar o verdadeiro assassino do seu marido. E se Sandra estiver envolvida, pagará perante a justiça. Quando fazemos justiça com as próprias mãos, acabamos feridos, isso é inevitável. O perfume fica nas mãos de quem oferece rosas, quem fere se machuca com os espinhos que usou para ferir. – As palavras de Edson levaram Olívia a refletir.

Sérgio consultou o relógio. Estava tarde. Precisava ir embora, pois teria um longo dia pela frente.

— Bem, tenho certeza de que Olívia pensará no que você disse, Edson. Não há como ouvi-lo sem analisar seus conceitos. – Sérgio se levantou.

Após despedir-se das duas, foi embora, levando Edson consigo e deixando as amigas a sós para matarem as saudades.

8

OS VENTOS COMEÇAM A MUDAR

O lívia andava devagar. O dia ensolarado a deixou ainda mais animada. Olhava atentamente as lojas e butiques, conhecia bem aquela rua situada no centro da cidade, mas naquele dia parecia tudo mais bonito.

Em poucos minutos entrou na cafeteria de Júlio, analisou bem o local e gostou do que viu. Estava tudo em ordem, limpo e arrumado. O cheiro gostoso de pão de queijo invadiu suas narinas, e teve vontade de comer um. Aproximou-se do balcão, onde Joseval entretido, olhava alguns papéis, e o cumprimentou:

— Bom dia! Por acaso esqueceu que não se deve ficar de cabeça baixa sem ver para quem entra no estabelecimento?

Joseval tomou um susto. Não esperava a presença de Olívia naquele local. E, procurando dissimular a contrariedade, respondeu, humilde:

— Desculpe-me, dona Olívia! Não vi a atendente sair. Estou separando contas a pagar.

— Tudo bem, mas fique sempre atento ao movimento. Quanto às contas, é exatamente por isso que vim aqui. Como sabe, estou desempregada. Herdei este comércio de Júlio e pretendo tomar conta dos negócios.

Joseval mordeu o lábio, com discrição. Olívia estava diferente, não só fisicamente. Mostrava-se segura de si.

"Era só o que faltava, receber ordens dessa perua agora!", pensou, antes de lhe responder:

– Fico feliz em ter a senhora à frente dos negócios. Sinto-me mais aliviado.

Joseval olhou para a pequena cozinha que ficava em uma sala contígua. Ao ver Kelly, a atendente, aproximar-se, tornou:

— Vamos ao escritório. Vou lhe passar todas as nossas contas e despesas extras. – E se voltando para Kelly, ordenou: – Tome conta de tudo aqui; se precisar, estarei lá dentro.

A moça sorriu, delicada. Olívia, ao vê-la, sentiu um carinho inexplicável por ela. Assim, uma vez a sós com Joseval no escritório, perguntou:

— Cadê sua esposa? Essa funcionária é nova, não é?

— É sim. Seu Júlio a contratou dois dias antes de partir – afirmou, procurando as palavras certas.

Olívia percebeu que ele desconversava. Júlio havia contratado Joseval, e a esposa para auxiliá-lo. Pensou em questionar o que acontecera com Cristina, mas desistiu. Não queria ser indiscreta, uma vez que não era problema dela a vida de seus funcionários. Decidiu focar a atenção na contabilidade do estabelecimento, esquecendo-se dos problemas.

As horas passaram rápido. Olívia em pouco tempo ficou a par da movimentação financeira da cafeteria, e gostou do que descobriu. Não imaginava que o negócio fosse tão lucrativo. Lembrou-se de Júlio sempre reclamando que não tinha dinheiro para nada, que o movimento estava fraco.

"Hum, aquele safado ganhava bem e ainda me fazia pagar todas as despesas da casa. Como fui tola em acreditar nele!", disse a si mesma.

Ao se aproximar do balcão, onde Kelly atendia, muito gentil, um belo rapaz, que pelas vestes brancas só podia trabalhar na área da saúde, Olívia lançou-lhe um olhar rápido. Ao ver que o jovem a fitava com curiosidade, decidiu falar-lhe; afinal de contas, estava decidida a cuidar de tudo, e aquele homem seria seu primeiro cliente. Com um belo sorriso nos lábios, falou:

— Boa tarde! Espero que o café esteja bom!

— Este é o melhor café da região. Sem falar que a balconista é muito educada e trata muito bem seus clientes.

Kelly baixou a cabeça, envergonhada, e afastou-se, deixando Olívia a sós com o rapaz, ao que este comentou:

— A senhora deve ser dona Olívia, estou certo?

Olívia fitou-o por instantes, antes de lhe responder:

— Está. Mudei um pouco, mas creio que ainda é possível me reconhecer. Afinal, minhas fotos apareceram por semanas nos jornais.

O rapaz ficou sem graça, não esperava uma resposta tão direta. Mas, não se deixando abater, estendeu-lhe a mão, dizendo com um singelo sorriso nos lábios:

— Meu nome é Felipe. Abri um consultório odontológico em sociedade com um amigo a uma quadra daqui. A senhora me verá bastante em sua cafeteria.

— Então seja bem-vindo!

Após apertar a mão que Felipe lhe estendera em sinal de amizade, Olívia fez menção de sair, mas Felipe a impediu ao dizer:

— Caso precise dos meus serviços ou qualquer coisa, estarei a sua disposição.

Felipe tirou do bolso um cartão e entregou-o a Olívia, que, após examiná-lo, guardou-o na gaveta abaixo do caixa.

— Obrigada, você é muito gentil. Se eu precisar de algo, não hesitarei em procurá-lo.

Felipe trocou mais uma vez olhares com ela.

"Nossa, que mulher fascinante!" Em seguida, despediu-se e saiu porta afora.

Joseval, que presenciou a cena a uma certa distância, ao ver o rapaz se afastar e Olívia exalar um profundo suspiro, disse a si mesmo: "Essa aí não deveria ser chamada de viúva negra, e sim de viúva alegre!".

A tarde ia alta quando Olívia deixou o local, prometendo voltar no dia seguinte, entrando em seu automóvel. A próxima parada seria em seu antigo local de trabalho. Estava decidida a cutucar Sandra para ver até onde ia com sua dissimulação. Não tardou para Olívia entrar no escritório, onde todos a trataram com carinho ao recebê-la, não faltando elogios a sua aparência. Olívia abraçou e conversou com todos, sem distinção. Francisco, ao vê-la sentar-se, perguntou em tom paternal:

— Está tudo bem? A senhora precisa de alguma coisa?

— Não, obrigada, mas vamos deixar as formalidades de lado. Trate-me por você; afinal de contas, agora somos amigos. Eu vim aqui para agradecer pelo carinho que me dedicaram nos momentos difíceis. Nem sei o que seria de mim sem o apoio de vocês. – Olívia se ajeitou no assento.

Francisco pôs-se a questioná-la sobre o processo que corria na justiça, e Olívia respondia às suas perguntas de forma simples. Mais tarde, despediu-se dele com um abraço fraternal.

Foi até sua antiga sala, onde Sandra falava ao telefone. Ao vê-la, mediu-a de cima a baixo, procurou encurtar a conversa, colocou o fone no gancho e abriu um sorriso falso, dissimulando o incômodo que a presença dela lhe causara.

— Querida, que surpresa agradável! Venha me dar um abraço!

Olívia trocou olhares com Ivone, que baixou a cabeça para não rir, e foi ao encontro de Sandra, que levantou-se com os braços estendidos, estreitando-a e dizendo em seguida:

— Nossa, como você está linda! Fico feliz em vê-la tão bem. Rezei tanto para que fosse libertada! Você nem imagina!

Sandra não tirava o sorriso forçado do rosto. Olívia pôs-se a observá-la como nunca fizera antes. Decidida a testar suas reações, comentou com o mesmo ar de falsidade da colega:

— Posso imaginar. Aliás a vida é uma caixinha de surpresas. Nunca sequer imaginei que meus colegas de trabalho gostassem tanto de mim. Sabe que até dá vontade de pedir meu emprego de volta a Francisco? Agora que estou livre, o julgamento vai demorar e vou provar minha inocência, nada me impede de trabalhar.

Sandra jogou os cabelos para o lado em um gesto inútil de disfarçar seu descontentamento.

— Acho ótimo querer retomar sua vida. Torço para que seja feliz. — E, após uma pequena pausa, tornou: — Bem, o papo está ótimo, mas eu e Ivone ainda temos muito trabalho. O doutor Francisco não quis contratar outra auxiliar. Sabe como é, contenção de despesas.

— Não se preocupe. Só passei mesmo para vê-las. Não vou ocupar mais o tempo de vocês.

Olívia deu um beijo forçado no rosto de Sandra e se foi. "Nossa! Como pode existir um ser tão falso como este?!", disse a si mesma ao entrar em seu automóvel.

No caminho de volta para casa, lembrou-se da fisionomia de Felipe. Ele fora gentil com ela. Sentiu por ele verdadeiro carinho.

"Não, Olívia! Esqueça esse rapaz. Você passou anos de sofrimento. Apaixonar-se, nunca mais", ordenou-se, na tentativa inútil de afastar de sua mente o belo rosto de Felipe sorrindo para ela.

Aline, que a acompanhava, falava o tempo inteiro a respeito de Felipe, de como ele fora gentil, fazendo-a registrar as palavras como se fossem seus próprios pensamentos.

Sandra saiu do escritório, furiosa. Entrou em seu automóvel e engatou a primeira, cantando pneu.

— Quem aquela sonsa pensa que é? Era só o que me faltava! Agora que estou no lugar que é meu por direito, ela vem querer voltar. Ah, mas isso não vai ficar assim! – comentava consigo mesma ao trincar os dentes para conter a raiva que insistia em explodir de dentro de seu ser.

Olhou para o relógio. Já passava das seis horas. Ela sabia que mãe Maria detestava atender fora do horário, mas não se importou com isso. Pagara uma fortuna para Olívia sair de seu caminho. A vidente teria obrigação de atendê-la no momento que fosse. E com esses pensamentos, seguiu para a periferia.

O trânsito estava lento devido ao horário de *rush*, o que a fez levar o dobro do tempo habitual do trajeto, mas Sandra não fez caso. A noite caíra quando estacionou em frente à velha casa. Maria, ao ouvir a voz de Sandra chamando-a no portão, voltou-se para a filha e disse, contrariada:

— Vá atendê-la! Diga que estou dormindo e peça para que volte amanhã cedo, se quiser.

A moça obedeceu de pronto. Ao chegar ao portão, deu o recado da mãe. Sandra a mediu de cima a baixo e por segundos teve ímpetos de esganar a jovem. Mãe Maria iria atendê-la por bem ou por mal. Assim, respondeu aos gritos:

— Escute aqui! Paguei uma nota preta para sua mãe, e está dando tudo errado, portanto ou ela me atende agora ou farei um escândalo do qual vocês nunca esquecerão!

A jovem já ia lhe responder quando Maria apareceu atrás dela, dizendo:

— Entre, Sandra! Eu vou atendê-la.

Sandra abriu um sorriso triunfante e a seguiu até o quartinho onde ela fazia suas consultas. Maria sentou-se e lançou um olhar furioso para a cliente, que, fingindo ignorar, sentou-se a sua frente, dizendo:

— Eu quero falar com o seu guia. Olívia esteve hoje no escritório. Está linda e maravilhosa, querendo voltar a trabalhar. E a senhora já me conhece, não poupo esforços para lhe pagar, mas quero ver os resultados.

Maria respirou fundo, pensou em colocá-la para fora "na vassourada", mas conteve-se. Nilma era responsável pelo trabalho no astral e caberia a ela responder a Sandra. Desse modo, fechou os olhos, chamando pelo espírito de Nilma, que não tardou a usar suas cordas vocais:

— Em que posso ajudá-la? – perguntou Nilma, com frieza.

Sandra, não contendo de raiva, questionou:

— Que espírito é você que não sabe o que vim fazer aqui? Por acaso não sabe que Olívia está por aí, toda prosa, querendo voltar à empresa?

Nilma pegou um cigarro que estava sobre a mesa e pôs na boca. Sandra apressou-se para pegar o isqueiro e acendeu-o, pois já sabia lidar com aquele espírito. Nilma, após dar algumas baforadas, respondeu:

— Exatamente por eu ser um espírito e saber tudo o que se passa com as pessoas envolvidas nos casos que pego é que lhe fiz a pergunta, pois não há nada para você se preocupar!

— Como não há? – Sandra gritou.

Nilma, sem alterar o tom de voz, respondeu:

— Fale baixo, você não está na sua casa. Quando pegamos seu caso, assumimos o compromisso de tirar Olívia do seu caminho e cumprimos com o combinado. Olívia não voltará a trabalhar na empresa. É só o que tenho a dizer. Agora, quero deixar bem claro que não mais a atenderemos para falar sobre esse assunto, pois ele está encerrado. Tenha a decência de não mais nos incomodar por nada, principalmente fora de hora. Passar bem!

Maria esboçou um profundo suspiro e abriu os olhos. Ao ver Sandra à sua frente, comentou:

— Você deve ter ouvido tudo o que precisava, agora vá amolar outro!

Sandra levantou-se e saiu sem esboçar uma sílaba.

— Cambada de gente inútil, incompetente! Mas isso não vai ficar assim! – resmungou ao dar partida no motor e sair.

Lucas, que estava ao lado de Nina, ao ver a médium fechar as portas do salão, contrariada, comentou, procurando justificar-se:

— Eu falei pra você que Olívia mudou.

— O que confere a você seu atestado de incompetência. Deveria ter avisado Arnom da mudança que Aline ajudou a provocar em Olívia.

— Ora, Nilma! E para quê? Isso não é problema nosso. Conseguimos o que nos foi pedido. Agora, se Aline decidiu ajudar Olívia, é problema dela e de Arnom. Não vou me meter nessa história. E depois, não devemos nada a eles, nem eles a nós. O que desejo agora é me vingar de Mário, e se essa Sandra continuar a nos perturbar, coloco ela no rolo também, pra ficar esperta!

Nilma deu de ombros. Lucas estava certo. Arnom não tinha o direito de lhe cobrar nada, e isso era o que importava. Lucas, ao vê-la apática, resolveu ir embora, deixando-a perdida em seus devaneios, indo direto à casa de Ivone, onde a encontrou conversando animada com Olívia.

Aline, que as observava a um canto, ao vê-lo com cara de poucos amigos, questionou:

— O que foi dessa vez?

Lucas aproximou-se, dizendo com certa irritação:

— Essa sua ideia de ajudar Olívia está dando o que falar. Tive de dar explicações para Nilma, pois a tonta da Sandra foi lá na casa de mãe Maria para reclamar.

— Aposto que está fula da vida com Olívia! – Aline ficou eufórica.

— Está cuspindo fogo e atirando para todos os lados, você tinha de ver. Gritou, xingou, praguejou. – Lucas deu risada ao lembrar-se da face colérica de Sandra.

— Benfeito! É bom para ela aprender que nem tudo na vida acontece como a gente quer. E por falar nisso, você já desistiu de se vingar de Mário?

Lucas a mediu de cima a baixo.

— Qual é, Aline? Você acabou de ficar contente quando falei que Sandra havia se dado mal. Não estou te entendendo.

Aline pensou um pouco.

— Não é a mesma coisa, Lucas. Você está fugindo do que interessa.

— Lógico que é a mesma coisa. Você se faz de boazinha porque ficou tanto tempo com Olívia que acabou gostando dela. Assim fica fácil perdoar.

Aline se calou. Lucas tinha razão. Estava longe de se tornar uma pessoa melhor, ainda guardava em seu coração o ressentimento e o ódio. Mas como mudar? Amar a todos e perdoar sempre não era uma lição fácil de se aprender, e estava longe de alcançar a nota máxima nesse quesito.

Decidiu mudar de assunto, pondo-se a conversar sobre o que fizera durante o dia. Lucas, mesmo contrariado, a ouvia atento, e se manteve ao seu lado por toda a noite.

9

REENCONTRO COM O AMOR

Três meses depois dos últimos acontecimentos...

O crepúsculo descia sobre a terra. Naquele final de tarde primaveril, Olívia respirou fundo, sentindo o cheiro das flores do pequeno jardim da casa de Ivone, e sentiu-se bem. Embora tivesse passado o dia melancólica, resolveu aceitar o convite que Felipe lhe fizera para tomarem um sorvete juntos. Estava a sua espera.

Quando Felipe chegou e a encontrou já na porta, desceu do automóvel, dizendo:

— Desculpe-me pelo atraso. É que tive um paciente que sofreu uma hemorragia, e você sabe...

— Não se preocupe! A sorveteria é aqui perto. – Olívia, aproximando-se dele, dau-lhe um leve beijo na face.

Os dois foram caminhando até o local. Lá chegando, escolheram os sabores dos sorvetes e foram se sentar a uma mesa. Felipe, ao vê-la remexer a colher na massa, comentou:

— Acho que não está com vontade de tomar sorvete. Podemos ir a outro lugar, se quiser.

— Não é isso. – Olívia ficou constrangida. – É que hoje estou com o astral baixo. Talvez não esteja sendo boa companhia para você.

Felipe não se conteve. Pegou carinhosamente a mão dela e a acariciou, comentando, ao fitá-la nos olhos:

— Você é linda, uma mulher maravilhosa, de fibra. Qualquer homem gostaria de estar sentado ao seu lado neste momento.

Olívia abriu um leve sorriso. Aline, que os acompanhava, não se conformava com o jeito dela. Decidida a agir, aproximou-se e disse a seu ouvido:

— Não seja tola, Olívia. Felipe é um homem bom, está caidinho por você. Abra o coração para ele. Tenho certeza de que esse moço entenderá suas angústias e a ajudará a superar esses momentos de tristeza.

Olívia não pôde ouvi-la, mas registrou o que Aline lhe falava, achando que se tratava de seus próprios pensamentos.

— Acho que sou uma boba mesmo. Não deveria estar triste, você não merece.

Olívia fez uma pequena pausa para colocar uma colherada do sorvete na boca e tornou em seguida:

— É que o tempo está passando. O assassino de Júlio ainda não foi descoberto. Temo ser julgada e condenada por um crime que não cometi.

— Não pense assim! Tudo dará certo. Deus sabe o que faz e, na hora certa, a verdade vai aparecer, garanto. Enquanto isso não acontece, você deve continuar seu caminho tranquilamente e seguir adiante com a vida.

Felipe esboçou um sorriso encantador. Era a primeira vez que Olívia conversava com ele a respeito da morte de Júlio. Ela decidiu abrir-se e pôs-se a relatar tudo o que se passava na vida conjugal dos dois antes do dia fatídico.

O tempo passou rápido. Ao saírem da sorveteria, Felipe pegou a mão de Olívia. Os dois caminharam de mãos dadas até pararem em frente à casa de Ivone, ambos calados, deixando o clima do momento conduzi-los.

Olívia olhou para o céu estrelado. O toque macio das mãos e o olhar de ternura que Felipe lhe lançava causaram-lhe profunda emoção. Felipe, aproveitando-se do clima romântico entre os dois, chegou mais perto e deu-lhe um longo beijo apaixonado, que Olívia retribuiu com uma emoção nunca experimentada antes.

— Sei que é inocente, Olívia, e juntos vamos provar isso na justiça. Não deixarei que ninguém a prejudique.

Olívia não respondeu. Sentia-se segura e protegida aconchegada ao peito de Felipe. Naquele momento, tudo o que queria era sentir o perfume que exalava suavemente da pele dele, deixando-se embriagar de amor por aquele homem que mal conhecia. Mas algo em seu ser lhe dizia para deixar a emoção do momento falar mais alto.

Os minutos que se seguiram pareciam uma eternidade para o casal. Felipe não cansava de dar-lhe leves beijos nos lábios, fazendo-lhe juras de amor. Olívia parecia não acreditar no que estava acontecendo. Nunca nenhum homem mexeu tanto com seus sentimentos em tão pouco tempo.

Mas lembrou-se de que não podia ficar até tarde na rua. Assim, olhou fixo para os olhos de Felipe.

— Tenho de entrar. Você sabe, posso ter problemas com a justiça caso alguma viatura da polícia resolva parar.

— Eu entendo. Não quero que nada de mal lhe aconteça – respondeu Felipe, com a voz embargada pela emoção.

Após dar-lhe um longo abraço e mais alguns beijinhos, despediu-se dela, esperando que Olívia abrisse o portão da casa e entrasse, só então dando partida em seu automóvel, feliz por ter o amor correspondido.

Ivone, ao ver Olívia entrar em casa esbanjando felicidade, comentou:

— Pelo jeito, finalmente esse tal de Felipe se declarou, né!

— Sim! – Olívia suspirou. – Felipe é o homem mais gentil que conheci em toda a minha vida. Espero que não seja só para me conquistar.

— Só o tempo poderá dizer, mas, se eu fosse você, não me preocuparia com isso. Viva o momento! – Ivone esatava muito alegre por ver os olhos da amiga brilharem como duas estrelas reluzentes no céu. E, com um sorriso nos lábios, perguntou: – Por que não convida seu namorado para o jantar na casa de Sérgio, no sábado?

— Você acha que eu devo?

— Claro que sim! Ou melhor, diga a ele que eu o convidei. Afinal de contas, esse jantar será oferecido para mim e meus amigos. Logo, Felipe, ao namorar você, se torna membro da minha família. Tenho certeza se que Sérgio não vai se opor.

Olívia abraçou Ivone com muito carinho. As duas ficaram conversando durante horas, fazendo planos para o futuro.

Augusta andava de um lado para o outro, aflita. Ao ver Felipe entrar em casa cantarolando, foi ao seu encontro.

— Não sei onde estava, mocinho, mas escolheu um mau dia para chegar tarde em casa!

Felipe olhou para a mãe, que estava visivelmente perturbada, e indagou, calmo:

— Não sei o que está acontecendo, mas tenho certeza de que se trata de Mário. O que foi desta vez?

— Não zombe, Felipe. Seu irmão perdeu o emprego hoje. Chegou em casa e se trancou no quarto, não quer falar com ninguém.

— Ok! E qual é o problema? É só por isso que a senhora está nessa aflição?

Augusta irritou-se. Felipe fazia pouco-caso da situação, e isso ela não poderia admitir. Trincou os dentes e esbravejou:

— Para você isso não é nada! Imagine! Que se danem os problemas da sua família! Não tem nada a ver com isso, não é? Mas tudo bem, isso é benfeito para Mário. Eu o avisei para não se envolver com o caso da viúva, mas vocês nunca me escutam.

Augusta falava freneticamente. Felipe, sem entender a associação que ela fizera, perguntou, atônito:

— Do que a senhora está falando? Não estou entendendo.

— Falo daquela tal de Olívia. Essa gente tem pacto com o diabo. Desde que o caso dela caiu no esquecimento que Mário anda aéreo, não consegue mais nenhuma reportagem significante. Em consequência, está aí, trancado e desempregado.

Felipe não aguentou e pôs-se a rir dos absurdos que Augusta lhe dizia. Decidido a pôr um ponto final naquele assunto, afirmou:

— Mãe, em primeiro lugar, Olívia é uma boa mulher que foi acusada injustamente pela morte do marido, isso com a ajuda de Mário, que não poupou esforços para conseguir provas mirabolantes e exibi-las na primeira página. Em segundo lugar, há males na vida que vêm para o bem. Quem sabe Mário agora revê suas atitudes e consegue emprego em um jornal sério, comprometido com a verdade e a ética, e passa a usar o dom maravilhoso que Deus lhe deu, que é o da comunicação, para criar matérias importantes para sociedade em geral. E se eu fosse a senhora, prepararia um bom chá de cidreira e iria me deitar, esperando por dias melhores. Agora vou para o meu quarto; estou cansado, e amanhã levanto cedo para ir ao trabalho.

Felipe deu um beijo na mão de Augusta, deixou-a resmungando sozinha na sala e foi se deitar, pensando em Olívia e nos momentos que partilharam, esquecendo-se completamente dos problemas domésticos.

Júlio abriu os olhos devagar, mas não quis se levantar. Fitou o relógio na cabeceira da cama, mas não conseguiu ver as horas. Logo suas vistas ficaram turvas, sentiu forte dor no peito e gritou. Arnom, que observava atento a cena, aproximou-se e, sentando-se ao lado dele, comentou:

— Espero que esteja sentindo muita dor, pois foi assim que acordei neste mundo.

Júlio tentou forçar a visão para descobrir quem lhe falava. A dor era intensa. Arnom, percebendo que ele logo voltaria a dormir, decidiu ministrar-lhe passes magnéticos na região do coração, o que o fez sentir-se um pouco melhor. Ao ver que o seu método surgira efeito, Arnom falou:

— Olhe a seu redor. Fiz questão de plasmar o seu quarto exatamente como ele é na matéria, tudo isso para que se sinta em casa.

Arnom deu uma gargalhada estridente. Júlio, não entendendo nada do que estava acontecendo, questionou-o:

— Você é louco ou o quê? Já sei! Olívia descobriu tudo e o contratou para se vingar de mim, não foi?

Arnom fez uma careta ao lhe responder, em tom de zombaria:

— Olívia está sendo acusada do seu assassinato, coitadinha! Você é muito mau. Além de trair sua mulher, ainda morre, deixando-a em maus lençóis!

— Escute aqui, seu cretino! Eu estou vivo, e esta casa é minha. Não sei quem o mandou aqui, mas acho bom que vá embora – ordenou Júlio, irritando Arnom.

— Lamento, mas esta não é a sua casa. Eu fiz uma cópia idêntica do seu quarto. Você foi assassinado. — Arnom fez uma pequena pausa e tornou: — E quer saber? Cansei de ouvir sua voz.

Arnom tocou o dedo no peito de Júlio, que gritou de dor. Em instantes, Júlio voltou a adormecer. Arnom, satisfeito ao vê-lo dormir, foi ter com Aline na casa de Ivone. Lá chegando, encontrou Olívia ouvindo música e lixando as unhas. Sem saber o que acontecia, aproximou-se de Aline, que, ao ver o semblante carrancudo do parceiro, sentiu o sangue gelar, ficando paralisada. Arnom, ao vê-la assustada, foi logo falando:

— O que você está fazendo? Não mandei que sugasse as energias dela? Basta ficar algum tempo ausente para você fazer besteira!

— Mas eu estou fazendo o combinado. Olhe só para Olívia, ela está abatida e sem vontade para nada.

Arnom deu mais uma olhada em Olívia, que, ignorando o que se passava no astral, cantava uma canção romântica. Ele sentiu-se ferver, detestava ser passado para trás. Num gesto de fúria, agarrou Aline pelos cabelos, jogou-a no chão, fechou os olhos, emanando uma energia escura, que prendeu os braços da moça como se fossem algemas, impedindo-a de se movimentar, e disse em seguida:

— Não sei o que deu em você para me trair. Só sei que vai pagar caro por isso!

— Eu não fiz nada! Estou cuidando de Olívia conforme o combinado. Solte-me, Arnom, por favor!

Arnom não respondeu. Aline o traíra, e isso era imperdoável. Confiara em sua lealdade, por isso a deixara sozinha ao lado de Olívia, e agora ela seria punida. Com esses pensamentos, fechou mais uma vez os olhos, canalizando todo o seu ódio, transformando-o em energia escura que envolvia todo o corpo de Aline, apertando-a cada vez mais.

Quando achou que aquilo era o bastante, descerrou as pálpebras para ver Aline quase esmagada por essa energia, que mais parecia uma jiboia enlaçando sua presa antes de engoli-la. Sorriu em zombaria, dizendo ao ir embora:

— Agora fique aí e sinta o peso do meu ódio.

Aline se pôs a chorar. Nunca imaginara que Arnom se voltaria contra ela. A dor estava aumentando. Naquele momento, lembrou-se da figura doce de Suzana, dos poucos momentos que estiveram juntas.

— Suzana está certa. O ódio atrai dor e sofrimento – disse a si mesma.

Lembrou-se de Júlio e Olívia, do quanto os odiara por eles terem feito o que fizeram. Quando juntou-se a Arnom, estava cega pelo ódio da traição, passara anos e anos esperando o momento de reencontrá-los e, quando conseguiu, passou a colocar toda a sua mágoa e dor em uma vingança que não lhe trouxe nenhum benefício. Ao contrário, agora via-se presa a uma força da qual não sabia como se livrar.

As lágrimas caíam copiosamente pelas faces de Aline, quando ela, quase vencida, gritou:

— Deus, me ajude! Sei que errei e que não mereço seu perdão, mas por favor, eu imploro! Desfaça esta energia que está me consumindo. Não aguento mais!

Aline não parava de chorar. A dor aumentava ainda mais com a força que fazia para tentar se livrar daquela energia. Foi quando a figura calma e serena de Suzana apareceu a sua frente, dizendo:

— Deus é pai, nunca abandona seus filhos. Sempre lhes dá novas oportunidades, minha querida.

Suzana fechou os olhos, fazendo sentida prece. Do céu começaram a cair feixes de luz de tons azulados. Em poucos minutos, as energias do amor soltaram as amarras do ódio, fazendo Aline experimentar uma sensação de paz e alívio. Suzana, ao vê-la mais tranquila, abriu um leve sorriso ao dizer:

— Você aprendeu hoje que o caminho da paz é o perdão e que o ódio envenena o coração das pessoas que o nutrem. Agora venha comigo. Tenho certeza de que vai gostar da nossa colônia.

Aline apertou a mão que Suzana lhe estendera, e as duas partiram do local, deixando no lugar uma agradável sensação de bem-estar que pôde ser sentida por Olívia, deixando-a ainda mais feliz do que já estava.

O sábado amanheceu ensolarado. Na casa de Sérgio a alegria era contagiante. Jurema ia de um lado para o outro, tentando deixar tudo organizado para o jantar. Luiz, que escolhia vinhos para servir aos convidados, ao ver Sérgio entrar na cozinha comentou:

— Estou separando três garrafas. Acho que é o suficiente para seis pessoas.

— Ora, papai! É mais do que suficiente. Apesar de que não conheço o namorado de Olívia, mas acho que ele não vai exagerar na bebida.

— Está aí uma coisa que não entendo. Não faz nem seis meses que ela enviuvou e já arrumou outro para esquentar o lugar na cama que era do marido.

Sérgio balançou a cabeça.

— Não seja preconceituoso, papai! Olívia sofreu muito nas mãos de Júlio. Tem todo o direito de recomeçar. Além disso, nem todo o mundo pensa como o senhor. Mamãe já partiu para a espiritualidade há anos e o senhor ainda lhe é fiel.

Luiz olhou para a garrafa que segurava e, após alguns segundos de reflexão, respondeu, melancólico:

— Eu amo a sua mãe, Sérgio. Embora não tenha a mesma fé que você tem de que ela vive em outra dimensão, não vou me envolver com outra mulher e trair esse amor que há no meu coração.

— Ai, ai, ai! Nada de tristeza, vocês dois. Hoje não é dia para pensar em coisas que nos deixam tristes – interpelou-os Jurema, ao entrar na cozinha e ouvir a conversa entre pai e filho.

— Você tem razão, Juju! Ainda bem que chegou, ou papai começaria a relembrar o passado e ficaria saudosista. – Sérgio abraçou Jurema com força, e ela riu.

Luiz, ao ver a alegria dos dois, procurou esquecer a conversa.

Lucas entrou na casa de Ivone, eufórico. Estava com saudade de Aline e decidiu passar por lá para vê-la e contar-lhe as novidades. Olhou para Olívia, que descia as escadas que davam acesso à sala, lindamente trajada com um vestido longo e preto, bem maquiada e penteada. Felipe, que a esperava, ao vê-la pegou de leve a sua mão, dando-lhe um suave beijo, e elogiou:

— Você está mais linda do que nunca!

— Obrigada! – Olívia enrubesceu. – Vamos ter de esperar mais um pouco. Ivone está terminando de se arrumar. Sabe como é. Não quer estar de qualquer jeito para o jantar.

— Mulheres! Vocês são todas iguais. Aposto que Ivone já está mais do que arrumada, mas não sairá da frente do espelho enquanto não se convencer disso.

Olívia riu prazerosamente. Lucas, que assistia à cena, disse a si mesmo:

— Que coisa patética! Chega a me dar um embrulho no estômago! Mas cadê Aline?

Lucas pôs-se a procurá-la, mas não a encontrou em canto algum. Por segundos, sentiu um aperto no peito, lembrando-se de Arnom. Na certa ele descobrira que Aline vinha ajudando Olívia, e a esse pensamento levitou até a presença de Arnom. Lá chegando, encontrou-o próximo a Júlio e foi direto ao assunto:

— Cadê Aline? O que você fez com ela?

— Era só o que me faltava, um amador feito você vir tirar satisfações comigo! – Arnom balançou a cabeça.

Lucas, não se deixando intimidar, disse:

— Posso até ser amador, mas não vai querer saber o que sou capaz de fazer quando me provocam. Agora me diga o que fez com Aline!

— Deixe de ser ridículo! Aline teve o que merecem os traidores.

Lucas sentiu o sangue ferver. Após passar a mão nos cabelos, num gesto nervoso, repetiu a pergunta:

— Cadê Aline?

— Não sei! Eu a deixei à mercê da sorte. Talvez esteja nas mãos de algum grupo de espíritos perversos que a viram presa e resolveram brincar com ela. Quem sabe? – Arnom sorriu, sarcástico.

Lucas teve ímpetos de voar no pescoço dele, mas controlou-se, limitando-se a dizer:

— Você é nojento! Eu te odeio!

— Obrigado! Agora, se manda! Tenho muito o que fazer.

Arnom deu uma gargalhada ao ver Lucas sumir de sua vista.

Nilma se achava atarantada. Era dia de trabalho com os encarnados, os médiuns já se concentravam, o terreiro estava lotado, era dia de consulta espiritual da "esquerda", onde os espíritos denominados de Exu e Pomba-Gira incorporavam nos médiuns para dançar, beber e dar consultas aos encarnados que os procuravam.

Quando Lucas chegou, Nilma, ao vê-lo, foi logo dizendo:

— Não sei onde Aline está. Arnom veio me procurar me contando o que fez a ela e me pediu dois homens de confiança para cuidar de Olívia.

— E você, o que fez? – indagou Lucas, afoito.

— Ora, eu neguei! Não temos ninguém à disposição.

— Fez bem. Arnom está louco.

— É isso o que temo. Ele saiu daqui jurando vingança, por isso, se eu fosse você, me afastaria dele.

— Já fiz isso. Agora quero saber onde está Aline. Preciso ajudá-la.

Nilma ponderou por alguns instantes. Mãe Maria já chamando as entidades em "terra". Tinha de ir, por isso respondeu rápido:

— Verei o que posso fazer. Depois conversamos.

Lucas assentiu. As luzes do terreiro foram apagadas, ficando só as chamas das velas acesas, e o trabalho espiritual teve início. Lucas, que não gostava de participar daquele ritual, decidiu ir embora e voltou para junto de Mário, com quem ficou pelo resto da noite.

10

REVIRAVOLTA

Faltavam dez minutos para as nove horas da noite quando Sérgio abriu a porta para Ivone e o casal entrarem. Olívia, após dar um leve beijo no amigo, apresentou-o a Felipe, que o cumprimentou com um largo sorriso. Juntaram-se a Jurema e Luiz, que estavam sentados na sala. Após as apresentações e os cumprimentos de praxe, Jurema pediu licença e saiu, alegando ter de terminar o jantar.

Os cinco ficaram em palestra animada. Luiz evitou fazer qualquer tipo de comentário que pudesse constranger Olívia. Quando a campainha soou, Sérgio levantou-se, dizendo:

— Deve ser Edson. Eu já volto.

Sérgio saiu, retornando em seguida com o amigo, que, procurando justificar-se, cumprimentou a todos, dizendo:

— Desculpem-me pelo pequeno atraso. É que tive de trocar um pneu que furou no meio do caminho.

— Isso acontece – respondeu Felipe, tentando ser gentil.

O jantar transcorria, animado. Ivone não parava de falar sobre sua vida e seu trabalho, sempre fazendo elucidações a Olívia, que, contente pelo momento, a ajudava vez ou outra a lembrar-se de algo que lhe faltava à memória.

Quando todos terminaram a refeição, Luiz convidou-os a tomar o café na sala. Edson, a uma certa altura da conversa, comentou, olhando para Olívia:

— Estou gostando de ver você animada. Não sabe o quanto rezei para que isso acontecesse.

— É o amor – interveio Ivone, dando uma piscada para Olívia, que, envergonhada, baixou a cabeça.

Sérgio, percebendo o embaraço da amiga, foi ao seu socorro, dizendo:

— Olívia está acreditando na vida e, quando resolvemos dar crédito a ela, sentimos uma paz interior muito grande e atraímos tudo o que nos pertence por direito divino, inclusive o amor verdadeiro.

— Concordo com você. E, no que depender de mim, Olívia será feliz pelo resto de seus dias. – Felipe tomou carinhosamente a mão dela.

Luiz, procurando mudar um pouco o rumo da conversa, disse:

— É bom a gente ter quem ama por perto. Eu não tenho mais minha Suzana. Deus a levou para o seu lado.

— A morte não é o fim, senhor Luiz. Um dia terá a oportunidade de se encontrar com sua senhora – afirmou Felipe.

Edson, ao ver que o rapaz falava com convicção, questionou:

— Você também acredita em vida além-túmulo?

— Claro! Somos seres imortais em espírito. Nascemos e renascemos muitas vezes na terra até conseguirmos nos livrar do ódio, do egoísmo e de todas as atitudes e sentimentos negativos.

Sérgio olhou para Olívia, que escutava o namorado falar, sem nada a dizer.

— É, Olívia! Pelo visto a vida colocou pessoas em seu caminho para que você comece a questionar a espiritualidade.

— Eu queria acreditar nisso, Sérgio, mas acho essa história de espíritos tão fantasiosa... Pessoas que morrem e ficam entre os vivos, tentando prejudicá-los... Outros tentando ajudar. Não dá para acreditar.

Foi Sérgio quem respondeu:

— Como não dá para acreditar? É tudo muito simples. A vida no plano espiritual não é muito diferente da nossa. Se você desencarna com ódio de uma determinada pessoa, ao acordar na espiritualidade, continuará com esse sentimento. E o pior é que, quando se dá conta de que seu espírito é livre para ir aonde quiser, pode perfeitamente passar a obsediar a pessoa odiada a ponto de fazê-la enlouquecer.

— Ok, mas é isso o que não entendo. Por que Deus deixa isso acontecer? – Ivone demonstrava interesse pelo assunto.

— Deus nos deixou o livre-arbítrio, ou seja, o direito de escolha. Por exemplo, se algum espírito se aproximar de você para lhe fazer o mal, caberá a você se deixar ou não influenciar. E como isso acontece? Se cultivar bons pensamentos, procurar agir no bem, atrairá à sua volta uma energia positiva e consequentemente conseguirá se conectar com espíritos esclarecidos que a ajudarão em todos os momentos difíceis. Agora, se você pensa de forma negativa, guarda ódio em seu coração e espalha maldades, atrairá espíritos afins, e com certeza abrirá as portas para que inimigos de outras vidas, desencarnados, se vinguem.

— Semelhante atrai semelhante! – completou Edson, ao ver Sérgio terminar sua explicação.

Sérgio, ao notar que a explanação ainda ficou incompleta, finalizou:

— Um dos fatores importantes, que se torna um ímã para atrair espíritos ignorantes, é a depressão, pois, quando paramos de acreditar na vida e em nós mesmos, deixamos nosso destino por conta de forças ocultas, que vão nos levar para onde querem ir, e não aonde queremos.

— É, Olívia! Estou vendo que, se depender dos nossos namorados, iremos nos tornar defensoras ferrenhas da existência de uma outra dimensão – comentou Ivone, fazendo todos rirem.

A noite ia alta quando o grupo se dispersou. Sérgio, ao ver-se a sós com o pai, suspirou de cansaço, dizendo:

— Fazia tempo que não tínhamos um jantar tão agradável aqui em casa, não é, papai?

— Bota tempo nisso, meu filho!

Sérgio deu um beijo na destra de Luiz e foi se deitar. Nesse momento, Luiz sentiu uma leve brisa bater em seu rosto, trazendo o cheiro do perfume de Suzana. Naquele instante, sentiu que sua esposa estava ao seu lado e sorriu. Pela primeira vez sentia de fato que a vida não era o fim, e sim um eterno meio, em que tudo está certo, até os erros. Pois se os cometemos não é porque somos pequenos demais, e sim porque lutamos para sermos grandes. E no momento em que a existência achar que estamos maduros, poderemos repará-los.

❖

Felipe remexeu-se na cama. Não conseguia conciliar o sono. As cenas do jantar de horas antes não saíam de sua mente. Sentiu-se bem na casa de Sérgio. Ele e os amigos de Olívia fizeram de tudo para agradá-lo, o que o fez sentir-se em casa e íntimo do grupo. Não demoraria muito para ser questionado quanto a sua vida e sua família, o que era normal.

O que dizer? Qual seria a reação de Olívia ao descobrir que ele era irmão de Mário, o repórter que fizera de tudo para prejudicá-la? Na certa, iria se afastar dele. Olívia tivera um relacionamento difícil com seu marido e tudo o que queria era um relacionamento tranquilo e harmônico, que estaria ameaçado diante da verdade.

O dia amanheceu. Felipe, cansado de ficar rolando de um lado para o outro da cama, decidiu levantar-se e preparar o café da manhã. Augusta, ao entrar na cozinha e ver o filho sentado, sorvendo um gole de café com leite, comentou:

— Você anda muito estranho! E agora deu para se levantar antes de o sol nascer.

— Bom dia para a senhora também, mamãe! – respondeu Felipe, um tanto contrariado com o comentário.

Augusta, após servir-se de uma xícara de leite quente, respondeu, irritada:

— Sabe muito bem que os dias aqui em casa não andam bons. Não entendo por que insiste em fingir que nada está acontecendo. Você sempre foi assim, omisso aos problemas familiares.

— Nunca fui omisso a nada, mamãe. O que a senhora chama de omissão eu chamo de equilíbrio e fé. E depois, não há nada de ruim por aqui. A senhora tem a pensão que papai deixou, eu estou trabalhando, e graças a Deus ganhando bem, e por isso podemos arcar tranquilamente com as despesas domésticas, mesmo com Mário desempregado. Portanto, financeiramente estamos tranquilos. O que falta entre nós é compreensão, amor e respeito mútuo – foi a resposta sincera de Felipe.

Augusta já ia retrucar quando Mário, que escutava a conversa às escondidas, aproximou-se, dizendo:

— Olha só quem fala de compreensão! Logo você, que sempre foi diferente de mim e de mamãe, sempre nos criticando. Quando papai era vivo, sempre ficava a seu lado, contra tudo o que fazíamos. Você se acha melhor que nós! Esse é o seu problema!

— Não seja injusto. Tudo o que papai e eu queríamos era que vocês mudassem a forma de pensar, parassem de ver a vida e as pessoas com maldade. Papai, coitado, desencarnou acreditando que poderia mudá-los. Eu já não tenho mais essa pretensão. Agora deixo com a vida essa tarefa. – Felipe procurava se manter calmo.

Augusta, zangada com a resposta do filho, questionou, colérica:

— Você está chamando sua própria mãe de maldosa? – Levou a mão ao peito. – Meu coração não vai aguentar tanta ingratidão.

— Está vendo o que você fez?! – Mário, furioso, se aproximou da mãe e acariciou-lhe a face. – Acalme-se, mãezinha! Não ligue para o que esse ingrato diz!

Felipe levantou-se e saiu. Não queria continuar aquela discussão que não ia levá-los a nada. Lucas, que presenciou a cena, ao ver Mário preparando um copo de água com açúcar para Augusta, pôs-se a rir, pois estava conseguindo os seus intuitos.

O sol brilhava com intensidade naquela manhã de domingo. Felipe resolvera fazer caminhada em um parque ecológico conhecido no centro da cidade. A discussão que tivera com a mãe o entristeceu. Detestava brigar, mas não poderia ficar cego e mudo para o que acontecia em seu lar. Após dar várias voltas em torno do parque, resolveu parar para tomar um pouco de água, quando uma voz conhecida se fez ouvir:

— Levantou-se cedo! Olha que eu pensei que seria o único, uma vez que ficamos até tarde conversando.

Felipe olhou para trás. Ao ver a figura risonha de Sérgio, estendeu-lhe os braços, dando-lhe um abraço apertado.

— É que eu nem dormi essa noite!

Sérgio mediu-o de cima a baixo. Felipe estava com olheiras profundas, denunciando de fato uma noite mal-dormida. Ao perceber que o amigo não estava bem, comentou:

— Que tal sentarmos um pouco? Assim você me conta o que o aflige; se quiser, é claro!

Felipe assentiu, e os dois caminharam até o banco mais próximo, sentando-se confortavelmente.

— A vida é engraçada, Sérgio. Às vezes sentimo-nos bem ao lado de pessoas que acabamos de conhecer e não conseguimos ficar dois minutos junto de um irmão de sangue!

— Isso porque nem sempre temos a mesma sintonia com irmãos sanguíneos do que a que temos com amigos.

— É, eu sei. – Felipe olhava a água que caía em abundância de um chafariz, no centro de um lago do parque.

— Você não quer me contar o que está havendo?

Felipe ponderou por instantes. Conhecera Sérgio na véspera, mas sentiu em seu íntimo que poderia confiar nele, por isso pôs-se a falar:

— Estou passando por um momento difícil. Você sabe que Olívia ficou conhecida em todo o estado pelo crime de que está sendo acusada e que um repórter de um jornal sensacionalista foi um dos responsáveis por isso.

— Certo! Mário. Conheço bem a peça, mas não estou entendendo aonde quer chegar.

Felipe, após abrir um sorriso forçado, lhe respondeu:

— Mário Monteiro é meu irmão, e Olívia nem imagina que somos parentes.

Sérgio abriu e fechou a boca. Se não conhecesse a vida e os meios que ela usava para aproximar as pessoas, diria que era uma brincadeira de mau gosto de Deus. Acabou rindo.

— Ainda bem que não acreditamos em coincidências, não é, Felipe?

— Você acha que Olívia vai terminar o namoro quando souber a verdade?

— Não sei. Olívia é uma mulher inteligente, sabe separar bem as coisas, mas ainda está muito magoada com o que lhe aconteceu. Sem contar que já saiu aos tapas com

Mário, que usou de um momento de desequilíbrio para deixá-la em situação mais difícil ainda. Isto e mais outras coisas que não quero citar no momento.

— Mário não mede esforços para conseguir seus objetivos. Quando quer algo, passa por cima de qualquer um para conseguir. Ele sempre foi assim. Meu pai vivia brigando com minha mãe por causa dessas atitudes dele. Papai achava que minha mãe passava a mão na cabeça dele em vez de educá-lo... Mas não quero mais falar sobre isso. Assim que tiver uma oportunidade, conto tudo para Olívia e, se ela me amar de verdade, vai entender.

— É assim que se fala! Agora vamos apostar corrida? – perguntou Sérgio, no intuito de fazer o amigo esquecer um pouco seus dramas íntimos.

Felipe ficou de pé de pronto ao reparar no olhar desafiador de Sérgio. Os dois começaram a correr, um do lado do outro, passando a conversar sobre temas corriqueiros.

A semana passou rápido, estreitando os laços de amizade entre Sérgio e Felipe. Sérgio, sempre que arrumava um tempo vago, ia ao consultório de Felipe, e juntos passavam na cafeteria de Olívia, que havia feito várias mudanças no local, deixando-o ainda mais agradável.

Olívia descobriu que Kelly sabia preparar vários tipos de bolos e doces e resolveu fazer uma experiência que deu certo. A freguesia que já passava pelo local em virtude do café e do pão de queijo, ao ver os bolos apetitosos não resistia e experimentava a guloseima, fazendo os negócios prosperarem cada dia mais.

Já era final de tarde de sexta-feira. Olívia fechava o caixa com Joseval quando Sérgio entrou no recinto. Ao ver a prateleira de doces vazia, comentou, fazendo cara de desapontado:

— Pelo visto, cheguei tarde. Não sobrou nenhum farelinho para contar a história!

— Engano seu. Tem dois pedaços de bolo de nozes na cozinha. Estavam a sua espera – brincou Olívia, indo à outra ala.

Sérgio, ao se ver a sós com Joseval, perguntou, como quem não quer nada:

— Tudo bem, Joseval? Fiquei sabendo que logo será papai.

Joseval mordeu o lábio, surpreso com a pergunta, e respondeu com outra:

— Como sabe? Pergunto porque sou muito discreto e não comentei com ninguém que serei pai.

Sérgio abriu um sorriso malicioso.

— Não se esqueça de que sou investigador. Sempre descubro o que quero e o que não quero.

Joseval deu de ombros e não respondeu.

Olívia, ao voltar da copa com um prato de bolo nas mãos e um copo de suco, colocou-os sobre o balcão.

— Espero que goste do bolo, Sérgio. O suco é de laranja, do jeito que você gosta.

— Hum! Desse jeito vou ficar com ciúme! – comentou Felipe, ao entrar no local e ouvir a conversa, fazendo todos rirem.

Os três ficaram em palestra animada por alguns minutos. Sérgio, depois de comer o generoso pedaço do bolo, despediu-se do casal alegando ter outros compromissos, deixando-os a sós.

Na casa noturna Le Voyeur as pessoas assistiam ao show de uma cantora de MPB, entusiasmadas pela boa música e voz afinada da artista. Sérgio, que assistia ao show sentado a uma mesa, longe do palco, escutava atentamente uma canção de amor, arriscando cantarolar bem baixinho junto com a cantora, quando uma figura masculina sentou-se a sua frente, dizendo:

— Não sabia que gostava tanto de música!

— O fato de eu ser investigador de polícia não me impede de ser romântico de vez em quando.

— Às vezes me esqueço disso.

Sérgio abriu um sorriso, dizendo em seguida:

— Tenho certeza de que não me chamou aqui para analisar meus sentimentos. Diga-me, Alfredo, o que descobriu de novo?

Alfredo não respondeu de pronto. Primeiro chamou o garçom e pediu uma cerveja. Esperou, paciente, pelo regresso do funcionário, que, após servi-lo, afastou-se rápido para atender a outros clientes.

Sérgio respirou fundo. Alfredo era o que os investigadores chamavam de informante, o popular X-9 ou dedoduro. Em sua profissão, muitos recorriam a esses indivíduos quando precisavam de informações. Em troca, concediam um favor ou outro. Em alguns casos até pagavam se achavam a informação valiosa. E Sérgio não fazia diferente. Alfredo era bem relacionado, tanto com criminosos, prostitutas e drogados quanto com pessoas respeitadas; além de policiais, é claro.

Alfredo, ao perceber que Sérgio estava impaciente, resolveu começar a falar:

— Esta semana encontrei uma garota de programa. Eu estava atrás de informações sobre um outro caso. Sabe como é, um assunto leva a outro e tal... — Parou para tomar um gole do chope gelado e prosseguiu: — Então! Essa moça disse que conheceu Júlio Peixoto. Os dois tiveram um caso por alguns meses. Júlio a ajudava financeiramente, e em troca ela... Bem, não preciso entrar em detalhes. Agora, se segure na cadeira para não cair.

Alfredo deu uma risada. Sérgio, irritado com o suspense inútil, ordenou:

— Pare de gracinhas e me diga logo o que descobriu! Tenho mais o que fazer!

— Está bem, mas não fique irritado! – respondeu Alfredo, rindo por dentro. – Como já disse, Júlio e essa garota mantiveram um relacionamento básico durante algum tempo. Só terminaram porque Júlio sentiu-se atraído por uma colega de trabalho da mulher dele, uma tal de Sandra, e, segundo essa minha amiga, o romance só terminou com a morte de Júlio.

Sérgio abriu e fechou a boca. As peças do quebra-cabeça começavam a se encaixar. Se Júlio vinha mantendo um relacionamento secreto com Sandra, esse era o motivo de tanta intimidade já relatado antes por frequentadores daquela mesma casa noturna.

Sandra fora capaz de mexer na correspondência eletrônica de Olívia sem que ela percebesse, portanto poderia muito bem ter tirado cópias das chaves da casa do casal e entrado lá, cometendo o crime. Dessa forma, todas as suspeitas recairiam sobre Olívia, e Sandra sairia impune.

Sérgio mordeu o lábio. Estava muito próximo da verdade. Só faltava agora descobrir o motivo do assassinato e arrumar um jeito de fazer Sandra confessar.

Alfredo se levantou. Sérgio, ao vê-lo em pé, tirou algumas notas da carteira e entregou-as a ele, dizendo:

— De onde veio isto pode vir muito mais se você descobrir algo novo.

Alfredo pegou o dinheiro e saiu, sem olhar para trás. Sérgio chamou o garçom e pediu a conta, partindo em seguida, satisfeito por estar solucionando o caso.

11

O PLANO MACABRO COMEÇA A DESMORONAR

Lucas andava de um lado para o outro, nervoso. Esperava por Nilma, que, junto com Maria, atendia a uma consulente que desejava ter o namorado de volta a todo custo. Nilma, após se despedir da moça e se afastar de Maria, aproximou-se dele, dizendo, enérgica:

— Dá pra você parar quieto? Sossegue!

— Só sossegarei quando encontrar Aline – respondeu, passando freneticamente a mão no rosto.

Lucas estava desesperado. A falta de Aline o deixava saudoso e ao mesmo tempo angustiado. Nilma, percebendo o que ia no íntimo do companheiro, comentou:

— Andei me informando, e ninguém sabe do paradeiro de Aline. Acho melhor esquecê-la, pois provavelmente nunca mais a verá.

Lucas sentiu o coração apertar. Lembrou-se do rosto de Aline. Teve vontade de chorar, mas controlou-se.

— Você está apaixonado por ela, não é? – Nilma quis saber, ao ver a expressão chorosa do rapaz.

— Deixe de bobagens! Aline se tornou uma amiga. Só não quero que nada de mal lhe aconteça. Mas deixe estar! Em breve termino meu serviço com Mário, aí vou ter tempo para procurá-la.

Nilma fez uma cara de desagrado ao comentar:

— Por falar nisso, com essa sua vingança pessoal, poderá prejudicar Sandra e ajudar Olívia. Já parou para pensar a respeito?

— Já, e não estou preocupado com nenhuma das duas. Sandra é intragável, se sente mais importante que tudo. Vai ser bom para ela passar por alguns apuros. Quanto a Olívia, se depender de mim, fica tudo como está.

— Acho bom, pois Arnom poderá se voltar contra nós e provocar uma verdadeira guerra caso você a ajude, mesmo indiretamente.

— Não dou a mínima para o que ele possa tentar fazer. Só Aline me importa.

Lucas virou as costas e se foi. Em poucos minutos chegou ao quarto de Mário, encontrando-o dormindo pesadamente. Decidido a colocar seu plano em prática, aproximou-se dele e, após mexer em alguns fios fluídicos que ligam o perispírito de Mário à matéria, sentou-se ao seu lado e pôs-se a esperar.

Mário abriu os olhos e se levantou, olhando para a cama onde seu corpo carnal descansava. Lucas, ao vê-lo, abriu um largo sorriso, dizendo:

— Como vai, Mário? Lembra-se de mim?

Mário o mediu de cima a baixo. Aquela fisionomia não lhe era estranha, mas não conseguia se recordar de quem era aquele rosto. Lucas, ao vê-lo confuso, usando um tom gentil, falou:

— Fique calmo, sou seu amigo e estou aqui para ajudá-lo.

Mário olhou mais uma vez para seu corpo material e questionou:

— Como estou dormindo e falando com você ao mesmo tempo?

— Seu corpo físico está descansando. Você está conversando comigo em espírito – tentou explicar Lucas, da forma que sabia. – Mas não se preocupe, isso é só um detalhe. Amanhã, quando acordar, não vai se lembrar de tudo nitidamente mesmo. O que quero é te alertar. Sandra não é de confiança. Você está desempregado, não poderá continuar frequentando lugares da moda e restaurantes requintados. Logo, logo ela vai trocá-lo por outro.

Mário ficou pensativo. Sandra andava mesmo estranha, mal-humorada, e não quis dar uma volta com ele naquele dia.

— Talvez você tenha razão. Não sei o que sou capaz de fazer se Sandra me abandonar. – Mário parecia desconsolado.

Lucas deu-se por satisfeito. Conseguira plantar uma dúvida em Mário e, com um sorriso nos lábios, deu sua última cartada:

— Pode contar comigo! Estarei sempre do seu lado para auxiliá-lo. É só escutar o que digo e fazer o que mando, que tudo saíra bem.

Mário balançou a cabeça positivamente. Lucas, ao perceber que já havia ficado tempo demais com ele, aproximou-se de seu corpo carnal, ministrando-lhe alguns passes, e o fez voltar à matéria, onde pôs-se a dormir, tranquilo.

Augusta, cansada de esperar o filho se levantar para tomar o desjejum, bateu de leve na porta do quarto e entrou, encontrando Mário dormindo pesadamente. Pôs-se a chacoalhá-lo, dizendo:

— Mário, acorde! Já é quase meio-dia. Levante-se!

Mário abriu os olhos, contrariado. Augusta, ao ver que o filho queria permanecer na cama, não se fez de rogada: abriu as janelas, permitindo que o sol entrasse e puxou as cobertas, dizendo, austera:

— Levante-se! Não criei você para ficar deitado em plena luz do dia. Reaja!

Mário se levantou, mas não respondeu à mãe, que, dando-se por satisfeita, saiu do quarto, deixando-o se arrumar. Ao vê-la sair, Mário fechou a porta, sentou-se no leito, lembrou-se vagamente do sonho que tivera e pensou em Sandra. Precisava vê-la e certificar-se de que não havia nada de errado no relacionamento dos dois. Decidido, foi ao banheiro da suíte e, após tomar um banho e arrumar-se com esmero, dirigiu-se à cozinha, onde Augusta escolhia o feijão para pôr no fogo. Ao vê-lo bem arrumado e de barba feita, disse:

— Hum! Agora sim, sua aparência está bem melhor!

— Mãe, a senhora acredita em sonhos? – Mário pegou a garrafa térmica e colocou café em uma xícara.

— Depende do sonho. Às vezes tenho alguns insignificantes, coisas que acontecem durante o dia e no sonho elas reaparecem. Mas só dou alguma importância quando os sonhos permanecem em minha mente durante o dia. E acredite, estes sempre têm significados importantes. Mas por que a pergunta?

— Nada de mais – desconversou Mário, que, após tomar um gole de café, deu um leve beijo no rosto da mãe e saiu.

<hr />

— Dona Sandra, a senhora é paga para quê? Como podem desaparecer notas importantes à prestação de contas? Pensei que fosse mais responsável. Isso não acontecia na época que dona Olívia trabalhava conosco.

Sandra, cabisbaixa, ouvia Francisco falar, sem nada a dizer. Francisco, ao ver que ela não respondia nada, irritou-se mais ainda:

— O que foi? O gato comeu sua língua?

— Não, doutor. Só não tenho respostas a lhe dar. Não sei onde foram parar aquelas faturas pagas. Já procurei em todos os lugares possíveis e imagináveis, e nada.

Francisco respirou fundo. Ao ver que aquela conversa não os levaria a lugar algum, comentou:

— Tudo bem! Vá à sua sala e só volte aqui quando achar as faturas. Não podemos pagar duas vezes uma mesma conta, ainda mais de valor tão alto.

Sandra rodou nos calcanhares e saiu. Ao chegar a seu escritório, olhou para Ivone, que fazia o seu serviço tranquilamente, e berrou:

— Eu não falei para você procurar aquelas malditas faturas?! O que está fazendo aí sentada?!

— Estou fazendo o meu trabalho. Não sou paga para ficar procurando papéis que você perdeu. Sinto muito! – respondeu Ivone, no mesmo tom de voz.

Sandra pensou em xingá-la, mas conteve-se. "Essa abusada! Ainda me livro dela", pensava, ao revirar suas gavetas.

Analisava uma gaveta, quando o seu celular tocou. Ao ver o número do telefone na tela, atendeu asperamente:

— Já não falei que não quero que ligue pra mim no horário de expediente?

A voz no outro lado da linha era de Mário, que sem se importar com a forma agressiva de Sandra, disse:

— É que estou naquele restaurante em que você almoça. Pensei em almoçarmos juntos.

Sandra olhou para o relógio na parede. Estava tão absorta em achar o documento de que precisava que até se esqueceu de seu horário de almoço. Após pensar por alguns segundos, respondeu:

— Está bem! Estarei aí em dez minutos. — Desligou o telefone, apanhou a bolsa e saiu.

Ivone, que ouvira a conversa, resolveu segui-la.

Mário abriu um sorriso ao ver Sandra se aproximar de sua mesa com um prato de comida nas mãos. Eles estavam em um restaurante *self-service*. Mário já estava quase terminando a refeição quando ela se sentou, colocando o prato sobre a mesa.

— Você está louco? Já falei que não é bom que nos vejam juntos.

— Ora, Sandra, deixe de bobagens! E depois, pelo que sei, ninguém de seu escritório vem a este lugar. É por isso que você vem almoçar aqui, ou não é?

— É sim. Detesto ficar junto daquele povo. Mas mesmo assim não é bom facilitarmos.

Mário mordeu o lábio. Lembrou-se do sonho que tivera. "É, Sandra está me evitando."

E a esse pensamento, comentou, mudando o tom de voz:

— Escute aqui, Sandra, se você pensando em me deixar, preste muita atenção. Você pode se dar muito mal.

Um súbito mal-estar invadiu o espírito de Sandra, que, nervosa, levantou-se de pronto, dizendo:

— Você está paranoico, Mário! Vou embora. Não vim até aqui para ouvir bobagens.

Sandra jogou os cabelos para o lado, virou as costas e saiu, deixando a conta para Mário pagar. Ivone, que estava escondida atrás de uma pilastra próxima à mesa, pôde ouvir a conversa. Esperou alguns minutos e saiu em seguida, satisfeita pelo que acabara de escutar.

Edson lia um processo sentado confortavelmente no sofá de seu escritório quando a secretária, após leve batida na porta, adentrou o local, cumprimentando-o e dizendo:

— O investigador Sérgio querendo vê-lo. Posso mandá-lo entrar?

Edson largou a pasta que segurava e respondeu, com um sorriso nos lábios:

— Faça-o entrar e depois pode ir embora. Não mais precisarei de seus serviços por hoje.

A moça sorriu e se foi. Após acompanhar Sérgio até a sala, despediu-se de Edson, que, ao ver-se a sós com o amigo, disse, com um brilho no olhar:

— Aposto que veio me trazer boas notícias.

Sérgio se sentou e pôs-se a revelar a razão da visita, e contou-lhe o que seu informante descobrira. Edson o ouvia, atento. Quando Sérgio terminou de falar, ele comentou:

— Isso quer dizer que Sandra pode ter assassinado o amante?

— Não só pode como o fez. Estou convicto disso. O que falta descobrir é o motivo.

— O que não será fácil. Sandra é astuta e, se as suas conclusões estiverem certas, ela cometeu um crime perfeito e será difícil incriminá-la.

Edson se calou, pensativo. Sérgio, ao vê-lo com o olhar distante, questionou:

— Mas...

— Pois é, Sérgio, me ocorreu uma ideia. A promotoria arrolou o nome de Sandra como testemunha de acusação. Se essa garota de programa aceitar depor a nosso favor, conseguiremos quebrar o depoimento de Sandra e ainda deixar o júri com dúvidas. Será que você consegue encontrá-la?

— Isso é fácil, mas creio que não precisaremos do depoimento dela, pois Olívia nem chegará a ser julgada.

— Deus o ouça, meu amigo! No entanto, devemos nos preparar para o julgamento. Consiga o nome e o endereço dessa moça.

— Pode deixar. – Sérgio se remexeu no sofá, inquieto.

Edson, ao perceber que algo o incomodava, comentou:

— Você está querendo me falar alguma coisa. O que é?

Sérgio sorriu. Edson já o conhecia bem. Aproveitando-se da deixa do amigo, suspirou e lhe respondeu, procurando encontrar as palavras certas:

— Bom, você sabe que eu e Felipe ficamos muito próximos nos últimos dias, não sabe?

Edson fez que sim.

Sérgio prosseguiu:

— Pois bem, ele tem um segredo, e eu o aconselhei a contá-lo a Olívia, mas até agora ele não teve coragem. Não quero compactuar com isso, mas também não posso trair sua confiança. Por outro lado, se Olívia descobrir, poderá se sentir duplamente traída. E eu não sei o que fazer.

— Felipe Monteiro é irmão de Mário, o jornalista.

— Você já sabia?! – Sérgio ficou surpreso pela afirmação feita por Edson.

— Ora, Sérgio! Não se esqueça de que Mário foi a pedra no meu sapato durante a investigação do caso. Ele não me deixava em paz, e ainda teve aquele atrito entre ele e Olívia. Depois disso, eu o procurei para chamar-lhe a atenção, pois o que fez foi imperdoável. Com tudo isso, marquei bem o rosto do rapaz. Quando Felipe me ofereceu seu cartão, reconheci o sobrenome na hora e, embora os dois tenham semblantes e estilos diferentes, pude observar algumas semelhanças fisionômicas.

— Poxa! Você deveria trabalhar como investigador. Não lhe falta *feeling* para isso.

Edson achou graça.

— Agora, se quer minha opinião, acho que não deve se preocupar com nada disso. Se a vida aproximou Felipe de Olívia, ela tem seus motivos. E depois, Olívia amadureceu muito nesses últimos meses. Antes do que aconteceu a Júlio, ela era crédula, apostava cegamente naqueles que a rodeavam. Hoje, após se decepcionar muito, aprendeu a distinguir bem quem é quem, sabe separar as qualidades e os defeitos dos outros.

— Decepcionar-se é descobrir que o outro não é aquilo que você imagina que ele seja, estou certo?

— Certíssimo, Sérgio. E se Olívia não associou o nome à pessoa, significa que não era o momento para isso acontecer. Agora deixemos esse assunto de lado. Quero saber a quantas anda o seu romance com Ivone.

Sérgio pôs-se a falar sobre seus sentimentos com Edson, que o ouvia com atenção, e permaneceram em animada palestra até perceberem que a noite ia alta. Despediram-se ao sair do escritório, seguindo cada um o seu caminhos.

<hr />

Sandra acordou decidida a se livrar de Mário. Não era mulher de ficar ao lado de um homem pegajoso como ele. Quando o conheceu, encantou-se com sua determinação e astúcia, mas agora via nele um homem fraco, inseguro e, acima de tudo, meloso, desses que imploram migalhas de afeto, o que ela não dava a homem nenhum.

Com isso em mente, dirigiu até o subúrbio. Iria à casa de mãe Maria. Desta vez seria uma das primeiras pessoas a serem atendidas pela médium. No meio do caminho, lembrou-se da última vez em que estivera lá e não fora bem recebida.

— Tenho certeza de que mãe Maria não vai deixar de me atender por esse motivo, mesmo porque o que importa para ela é o dinheiro da consulta, e isso eu tenho – disse a si mesma, afastando os pensamentos negativos.

Em pouco mais de meia hora, parou seu automóvel na porta da casa. Ao ver que ainda não tinha nenhum movimento de pessoas no local, sorriu por dentro, e bateu palmas. Rosa, que fora ver de quem se tratava, ao vê-la abriu o portão, dizendo:

— Bom dia, dona Sandra! Entre. Vou avisar minha mãe que deseja vê-la. Espere lá nos fundos, já conhece o caminho.

Sandra balançou a cabeça positivamente, esboçando um falso sorriso, e foi passando pelo corredor enquanto Rosa entrava na casa.

Maria, que tomava seu desjejum tranquilamente, ao ver a filha se aproximar, questionou:

— Quem estava batendo palmas, alguma consulente?

Rosa abriu um lindo sorriso ingênuo ao lhe responder:

— Sim, é Sandra. Está à espera da senhora lá nos fundos.

— Você é sonsa ou o quê? – Maria bateu com força as mãos na mesa, assustando Rosa. – Esqueceu que essa mulher não é mais bem-vinda?

— É que... Eu achei que não iria se importar, afinal de contas Sandra paga a consulta. É dinheiro que entra. Não estamos em situação para recusar clientes. – Rosa, a custo, segurava o choro.

— Quantas vezes tenho de lhe dizer que você não tem que achar nada?! — Maria se ergueu, indo, contrariada aos fundos da residência, onde, ao ver Sandra, foi logo dizendo: – Se você veio aqui por causa daquela história, dê meia-volta. Não estou podendo hoje.

Sandra mordeu o lábio, nervosa. Precisava ser rápida, caso contrário Maria não a atenderia. Decidida a ignorar as palavras delas, jogou de leve os cabelos para o lado e sorriu-lhe.

— Não é nada disso. Bem, primeiro quero me desculpar por aquele dia. Eu estava muito nervosa, a senhora entende? — Sandra fez uma pausa para observar a reação de Maria, que limitou-se a olhar em seus olhos, e prosseguiu: — Então eu queria agradecer-lhe, pois de fato Olívia não voltou mais para a empresa.

— Está bem, então o que quer de mim? – Maria a observava, desconfiada.

— Tenho um outro probleminha e, como confio no trabalho da senhora com os espíritos, vim procurá-la.

Maria não respondeu. Abriu o pequeno salão e entrou, sendo seguida por Sandra, que a esperou, com toda a paciência. Maria arrumou a sala para a consulta. O que ela não pôde ver foi a figura de Nilma, que andava de um lado para o outro à espera de Lucas, que, ao chegar no local e ver Sandra sentada, aproximou-se de Nilma.

— O que essa sem graça quer desta vez?

— Livrar-se de Mário. E é por isso que o chamei aqui – respondeu Nilma, irritada.

Lucas não entendeu o motivo da irritação.

— Por que está tão nervosa?

— Ah, você não sabe? Pois vou explicar! Sandra veio nos procurar pela primeira vez para pedir para tirarmos Olívia de seu caminho. Cobramos caro por esse serviço, ela pagou para Maria, que tirou uma parte do dinheiro para si e, com a outra parte, comprou cigarrros, bebidas e aves, coisas necessárias para nós; portanto, recebemos tudo isso fluidicamente. Aí, o que fiz? Deixei você incumbido dessa tarefa. Você, ao se aproximar de Olívia, descobriu que já havia espíritos sequiosos por vingança. Nós fizemos um trato com eles e ficou tudo certo.

Nilma fez uma pequena pausa. Lucas aproveitou para falar:

— Ok, mas e daí?

— Daí que você, em vez de fazer o seu trabalho, o que fez? Resolveu unir o útil ao agradável, se inteirou do plano de Arnom, colocou Mário na história e, o que é pior, se apaixonou por aquela louca da Aline e se perdeu no meio do caminho. Resultado? Agora temos Arnom como inimigo e Sandra querendo nossa ajuda para se livrar de Mário, sem saber que no seu plano ela é peça fundamental para prejudicá-lo.

Lucas ficou pensativo, procurando encontrar uma maneira de resolver aquela situação.

— Já sei o que fazer, Nilma. Diga a Sandra que Mário em breve vai deixá-la em paz e não lhe peça nada em troca. Você não estará mentindo, pois em mais uma semana termino minha vingança e Sandra se verá livre dele.

— Essa história não acabará bem – respondeu Nilma com cara feia, enquanto se aproximava de Maria.

Sandra esperava, ansiosa, sentada na frente de Maria, que, após fechar os olhos, abriu o canal mediúnico que possuía com Nilma, permitindo que ela falasse:

— Você veio pedir nossa ajuda, mas está perdendo seu tempo. Não precisa gastar nada conosco, pois o macho de quem quer se ver livre muito em breve não irá mais procurá-la.

— Será? Mário parece estar obcecado por mim. Sei que sou irresistível, vários homens se ajoelham aos meus pés, mas esse é o pior – comentou Sandra, se autovalorizando.

Nilma, procurando encurtar o assunto, lhe respondeu, seca:

— Sei do que estou falando. Não se preocupe mais com Mário.

Nilma se calou. Maria abriu os olhos e se espreguiçou, sinal de que a consulta havia acabado. Sandra, mesmo insatisfeita com as respostas evasivas, tirou cem reais da bolsa e colocou em cima da mesa.

— Obrigada, mãe Maria! Tenha um bom dia!

Maria pegou o dinheiro, enrolou-o cuidadosamente e colocou-o dentro de seu sutiã, respondendo, ao ver Sandra sair:

— Para você também!

12

MOMENTO DE DESPERTAR

Júlio acordou assustado, olhou à sua volta e não viu o homem que o abordara da outra vez.

— Ufa, que pesadelo! – disse a si mesmo, antes de gritar: – Olívia, Olívia! Traga-me o café!

Um longo silêncio se fez. Júlio estava acostumado com aquela situação. Na certa ela o escutara e estava preparando o desjejum em uma caprichosa bandeja, como sempre fazia quando ele ficava indisposto e lhe pedia o café na cama. Esperou mais um pouco, mas notou uma demora maior do que a habitual, o que o irritou.

— Droga! Essa mulher nem para me fazer um agrado presta... – resmungou.

Tentou levantar-se, sem conseguir. Arnom o deixara amarrado em correntes fluidicamente preparadas para esse fim. Ao perceber que algo o segurava na cama, sentiu a cabeça rodar. As cenas dos últimos momentos de sua vida na carne lhe vieram à mente com total nitidez:

— *Seu Júlio, já passou o horário de fechar a loja. Posso ir embora? – perguntou Joseval, ao ver que o patrão não queria terminar o expediente.*

— *Vá, vá! Vá para onde você quiser, não serve para nada mesmo!*

Joseval baixou a cabeça e saiu, sem ao menos lhe desejar boa noite. Júlio, ao se ver a sós, tratou de fechar logo o comércio. Não queria ficar sozinho. Algo lhe dizia que estava correndo risco de vida. E, com esse sentimento ruim, entrou em seu automóvel.

Ele havia marcado um encontro em uma casa noturna que frequentava assiduamente, e em pouco tempo chegou ao local. No lugar havia poucos frequentadores, pois era meio de semana, o que o deixou aliviado. Chamou o garçom com quem mantinha um bom relacionamento e pediu uma mesa discreta, longe dos olhares curiosos. O homem o levou de imediato para um canto com pouca visibilidade de quem ia ali para ouvir música ao vivo e beber.

— Obrigado, Marcelo! Quando ela chegar, encaminhe-a a minha mesa, por favor.

Marcelo não respondeu, limitando-se a abrir um sorriso malicioso. Sabia de quem se tratava. Era discreto, o que lhe garantia gordas gorjetas, tanto de Júlio quanto de outros homens casados que procuravam aqueles lugares para viverem romances secretos.

Sandra, que estava sentada a uma mesa próxima ao palco, esperou Marcelo sair e foi ter com Júlio:

— Olá! É impressão minha ou fingiu que não me viu? – Sandra passou de leve a mão nos cabelos, num gesto sensual.

— Eu não a vi, mas, mesmo que a tivesse visto, passaria batido!

Sandra, ao sentir que ele a estava dispensando, irritou-se, dizendo:

— Escute aqui, se você pensa que vai me usar e depois jogar fora como faz com todas, está muito enganado!

— Ah, é? E o que vai fazer? Contar a sua chefe que teve um caso com o marido dela? Ora, Sandra, faça-me o favor! Você é muito ambiciosa para arriscar o seu pescoço em seu trabalho. Não seja ridícula! – respondeu Júlio, friamente.

— Você não sabe do que sou capaz.

Júlio encarou por um longo tempo.

— Bom, Sandra, eu vou lhe explicar pela última vez. Quando nos conhecemos, você sabia que eu era casado, deixei bem claro que não largaria minha esposa por nada neste mundo e que estava aberto a um romance passageiro, uma vez que eu e Olívia esfriamos sexualmente. Pois bem, joguei limpo com você. Agora, se achou que eu iria ficar ao seu lado pelo resto da vida, é um problema seu. Não lhe prometi nada. Agora acabou, estou em outra.

Sandra se levantou, bruscamente, e, com ódio no olhar, mediu-o de cima a baixo.

— Você foi avisado!

— Passar bem, Sandra! – Júlio exalou um profundo suspiro, desdenhando-a.

— Pois passe muito mal! – E Sandra saiu, batendo os pés.

Júlio a observou deixando o salão. Respirou aliviado. Não queria que ela o visse com a outra mulher. Isso poderia lhe causar sérios problemas.

Júlio, voltando por instantes das reminiscências, balançou a cabeça ao lembrar-se daquele encontro.

— Desgraçada! Ela cumpriu o prometido – disse a si mesmo, revendo as cenas que passavam rápido em sua mente.

Júlio não conseguira ver quem o assassinara, mas não teve dúvidas. Na certa, Sandra arrumara um jeito de entrar em sua casa e, ao vê-lo dormir, colocou toda a sua raiva para fora, vitimando-o fatalmente com a faca de Olívia.

— É isso! Sandra teve a noite inteira para planejar o meu assassinato. Ah, mas ela me paga! Deixe-me sair daqui. Agora que descobri que a vida continua após a morte, ela terá a vida inteira para me pagar.

Logo começou a sentir calafrios por todo o corpo. Olhou para o peito. A ferida provocada pela faca voltou a sangrar, provocando-lhe uma dor descomunal. Sem saber o que fazer, respirou fundo. Ele havia percebido que, enquanto pensava em outras coisas, a dor amenizava.

Decidido, procurou relaxar e, sem saber como, sua mente o levou ao passado, precisamente à sua última encarnação. Júlio se viu ao lado de uma mulher que lhe servia a refeição, cabisbaixa. Estava diferente, o corpo carnal era outro, mas Júlio sentiu em seu íntimo que era ele. Resolveu prestar atenção ao que lhe acontecia, pondo-se a observar o diálogo dos dois:

— *O que está acontecendo com você, Aline?*

— *Nada, senhor meu marido. Só estou um pouco indisposta* — *respondeu Aline, evitando encará-lo.*

Júlio fez a refeição, calado. Ao terminar, a pretexto de ter de cuidar da plantação, deixou seu lar e saiu a galope. Andou um pouco mais de meia hora por uma trilha estreita até descer do cavalo em frente a um casebre escondido na mata.

Olhou a sua volta. O lugar era encantador. Árvores frondosas circundavam a residência, mesclando o lugar entre o sol e as sombras daquela tarde primaveril. O leve barulho de um pequeno riacho que corria longe dali o fez relaxar. Após algum tempo, entrou na casa, onde uma mulher de beleza inigualável o esperava, impaciente, à beira da cama. Júlio, ao vê-la, aproximou-se, dando-lhe um longo beijo, que foi retribuído com ardor.

— *Desculpe-me se demorei, mas não posso levantar suspeitas* — *disse, ao se afastar dela.*

A mulher, procurando olhar em seus olhos, respondeu em tom amável:

— Não te preocupes! Em breve estaremos juntos e livres para vivermos o nosso amor.

— Se ao menos tu não tivesses fugido com aquele maldito cigano, tudo seria mais fácil – comentou Júlio.

Olívia se defendeu:

— Não me culpes! Fiquei desesperada quando soube que irias desposar outra. No dia do teu casamento, conheci Arnom. Ele se aproximou de mim e me prometeu o mundo que tu nunca me darias.

— E para te vingares de mim, resolveste aceitar a proposta do cigano. Como foste tola! Esqueceste que nosso amor é maior que a distância e os contratempos da vida? Eu te prometera uma casa, onde reinarias como rainha soberana e terias a mim aos teus pés por todos os dias de minha existência.

Olívia pôs-se a chorar. Júlio, não querendo vê-la triste, passou de leve as mãos em seus cabelos, dizendo, amável:

— Desculpe-me! Não queria magoar-te.

— **Tu não sabes o quanto sofro ao lado de Arnom. Tenho de ir à vila pedir esmola, já que não sei ler a buena dicha** [1] **e ainda sofro agressões físicas quando não consigo o que ele considera suficiente. Odeio aquele acampamento asqueroso. Sou obrigada a ser escrava daquele cigano porco e imundo. Só tenho alguns momentos de alegria quando estou ao teu lado.**

Júlio a abraçou com força, fazendo Olívia aquietar-se em seu peito. As horas passaram lentas. Quando se despediram, Júlio tirou algumas moedas de ouro do bolso e as entregou a ela, dizendo:

— Acho que isto aqui deixará aquele desgraçado feliz.

Olívia pegou as moedas e abriu um largo sorriso.

— E não te esqueças! Estejas preparada, pois amanhã estaremos livres – tornou Júlio, ao vê-la sair da casa, onde esperou um pouco mais para deixar o local, para não correr o risco de serem vistos juntos.

Mal o dia amanhecera e Júlio já estava de pé. Aline, ao vê-lo dar orientações para algumas providências a um servo, perguntou, curiosa:

— Vais viajar? Não me disseste nada!

— Perdoe-me pela memória fraca. Há dois dias programamos uma viagem até Versalhes para a aquisição de alguns instrumentos para o plantio. Mas não te preocupes! O regresso será breve.

Júlio deu um leve beijo na face da esposa, procurando dissimular o que se passava em seu íntimo, e saiu.

O dia alto quando Júlio desceu do cavalo e sentou-se aos pés de uma frondosa árvore. Henry, um empregado de sua confiança, aproximou-se com um sorriso nos lábios. Júlio, ao vê-lo, foi logo dizendo:

— Pelo visto, o cigano mordeu a isca.

— Sim, senhor. Arnom é ambicioso, aceitou de pronto a proposta que lhe fiz.

— Tu disseste a ele exatamente o que combinamos? – questionou Júlio, querendo saber mais detalhes.

Henry, ao ver que o patrão estava ansioso por uma resposta minuciosa, pôs-se a falar:

— Encontrei o cigano tomando vinho e conversando com outros do bando. Arnom se mostrou arredio, uma vez que nunca me vira antes, mas quando lhe mostrei o saco cheio de moedas de ouro, obtive sua atenção.

Henry fez uma pequena pausa, olhou para os lados para certificar-se de que não havia ninguém por perto e tornou, procurando falar mais baixo:

— Eu disse a ele que o senhor estava querendo se livrar de tua esposa e precisava de seus préstimos para isso. Arnom ouviu atentamente e, após pensar um pouco, concordou.

— Não sei, não. Aquele maldito é astuto – comentou Júlio, preocupado.

Henry, ao ver o patrão titubear, comentou:

— Não vamos pensar dessa forma. Os olhos do cigano chegaram a brilhar ao ver o ouro. E depois lhe garanti que ele não correria nenhum risco. Era só entrar na casa sorrateiramente na calada da noite e deitar-se ao lado da senhora. O resto ficaria por nossa conta.

Júlio sorriu, satisfeito. Agora era só esperar a noite chegar e colocar o plano para funcionar.

Júlio deu um grito ao ver as cenas se apagarem de sua mente e se ver novamente no quarto.

— Meu Deus! Era eu em outro corpo, tenho certeza, mas como pode ser isso?! – perguntou a si mesmo.

Lembrou-se de Almir, um amigo da faculdade que uma vez lhe falara sobre os processos reencarnatórios.

— Então era verdade? Claro que sim! Se eu morri e não morri, significa que posso viver de novo. Mas espere aí!

Como faço para nascer de novo? Ai, que droga, eu deveria ter me aprofundado nesse assunto quando tive oportunidade. – Aflito, procurava encontrar uma solução para os seus problemas.

Decidido, resolveu fechar outra vez os olhos e tentou voltar ao passado para saber o desfecho dos fatos.

Júlio, escondido próximo a casa, aguardava a chegada de Arnom, que, ao se aproximar do local e ver a residência às escuras, entrou devagar pela porta que Henry deixara aberta. Caminhou pelo longos corredor até avistar uma porta que, pela descrição que recebera, tratava-se do aposento do casal. Sem fazer barulho, abriu-a lentamente.

Ao se aproximar da cama, viu as belas formas da mulher que dormia pesadamente com uma luz de vela acesa no criado-mudo. Deitou-se ao seu lado, após despir-se. Fechou os olhos e tentou relaxar. Quando Júlio entrou no quarto, não deu importância. Fazia parte do plano que ele permanecesse com os olhos fechados até o marido acordar a mulher e registrar o adultério, mas não foi isso o que aconteceu.

Júlio se aproximou do leito e, num gesto rápido, enterrou-lhe uma faca no peito, deixando-o agonizar. Em seguida, gritou:

— Sua adúltera! Nunca imaginaste que meu regresso seria em breve!

Aline abriu os olhos, rápido. Ao ver a expressão aterrorizante do marido, olhou para o lado, onde um desconhecido dava seus últimos suspiros. Sem saber o que falar ou o que fazer, soltou um berro terrível.

Júlio, decidido a continuar a encenação, pegou-a pelos cabelos e a arrastou para fora de casa. Alguns colonos que moravam nas proximidades, assustados com a gritaria, tinham se aproximado para saber o que estava acontecendo:

— *Vejam a ingratidão desta mulher! Fui traído e lavei minha honra.*

As pessoas olhavam, pasmas, para Aline, que chorava, desesperada. Henry se pôs ao lado do patrão, dizendo:

— *Não a mate, meu senhor! O desprezo será seu maior castigo. Deixe-a à própria sorte, que se encarregará de dar-lhe uma lição.*

Júlio não respondeu. Tornou a entrar sua casa e, após pegar alguns vestidos de Aline, voltou para fora e jogou-os em cima dela, junto com suas joias de família, dizendo:

— *Serei piedoso contigo, ingrata. Deixarei que leves os teus pertences, mas nunca mais volte aqui. Esqueça-te de teus dois filhos, do contrário a matarei, assim como fiz a teu amante.*

Júlio adentrou novamente a casa. As crianças haviam acordado com todo o barulho. Henry tratara de tirar o corpo do cigano do quarto e, no amanhecer do dia, levou-o até seu povo, contando o que ocorrera ao pobre-diabo, tudo a sua maneira. Olívia, que já sabia a verdade, pôs-se a chorar e, com o restante do grupo, fez o sepultamento conforme seus costumes.

Nenhum cigano quis se vingar, pois o fazendeiro havia lavado sua honra. Todos conheciam Arnom suficientemente bem para saber que ele seria capaz de fazer o que lhes fora relatado.

As cenas que se seguiram passaram muito rápido. Júlio se viu de novo um pouco mais à frente do que ocorrera, quando ele e Olívia se mudaram com os dois filhos dele para a Espanha.

Olívia criara os filhos de Aline como se fossem seus. Arrependeu-se do que fizera a Arnom e terminou sua vida solitária, uma vez que Júlio, após algum tempo de união, insatisfeito com ela, passou a viver uma vida desregrada até desencarnar, vítima de um ataque cardíaco fulminante.

Júlio se debateu no leito, tentando se livrar das amarras, ao abrir os olhos. O que ele não pôde ver foi o espírito de Suzana, que o ajudava a regressar à sua vida passada e estava ao seu lado, enviando-lhe energias revigorantes, até vê-lo adormecer, agora com sono tranquilo.

———— ❖ ————

Olívia preparava alguns quitutes na cozinha quando Ivone entrou em casa. Ao vê-la às voltas com as panelas, aproximou-se, dizendo:

— Nossa, hoje você está inspirada! Está preparando petiscos para um batalhão.

— Ora, Sérgio e Felipe comem bem. Não quero que nossos namorados passem fome. – Olívia pôs as mãos na cintura, e Ivone riu do jeito da amiga.

— Está certo; afinal de contas, homem se pega pelo estômago.

As duas riram muito.

Passava das oito horas da noite quando os dois rapazes chegaram. Felipe segurava um ramalhete de rosas vermelhas e, ao ver Olívia, ofereceu-o a ela, dizendo com a voz quase rouca:

— Espero que as rosas não murchem enciumadas com sua beleza.

— Hum! Que romantismo é esse? Você nunca me disse nada parecido, Sérgio! – brincou Ivone, ao ver que a amiga ficara com a face enrubescida com a declaração feita por Felipe, fazendo todos rirem.

Olívia, após agradecer pelo presente com um beijo, colocou as flores em um vaso e juntou-se ao grupo, que fora para a sala conversar.

A noite estava animada, Sérgio e Ivone falavam o tempo todo, entre um petisco e outro. Sérgio, após comer uma empadinha, virou-se para Olívia.

— Espero que faça essas empadas no sábado e deixe uma dúzia reservada para mim.

— Não seja guloso, amor! Nem bem comeu estas e já está pensando nas próximas.

— Sinal de que Sérgio gostou mesmo do salgado. Pode deixar, farei bastante. – Olívia, com um sorriso, olhou para a amiga. – A propósito, Ivone, já tem uma ideia de quantas pessoas comparecerão à festa?

— Mais ou menos. Convidei quase todos do escritório e alguns amigos pessoais. A única que ainda não convidei foi Sandra, mas vou deixar para fazer isso um dia antes, assim ela perceberá que o convite é apenas formal – respondeu Ivone de pronto.

Olívia, após pegar um salgado, comentou:

— Só espero que ela vá sozinha, se decidir ir. Já pensou se resolve me provocar e levar aquele jornalista junto?

Sérgio fitou Felipe, que, desconcertado, baixou a cabeça. Decidido a socorrê-lo, respondeu:

— Sandra nunca faria isso. Ela não vai se expor só para provocá-la. E depois, já está na hora de você se esquecer de vez o que Mário lhe fez.

— Falar é fácil, meu amigo. Aquele sensacionalista fez de tudo para me incriminar, e gratuitamente.

— Ora, Olívia! Já conversamos sobre isso. Mário errou, sim, mas você há de convir que se não existissem pessoas interessadas em ler certos noticiários, não haveria jornalistas como ele – interveio Ivone, dando ênfase ao assunto, sem perceber que Felipe estava incomodado.

Sérgio, querendo acabar com aquela conversa, foi quem obtemperou:

— Concordo! Você está sendo acusada de um crime, Olívia. O que os jornais fizeram foi dar a notícia de um assassinato. É lógico que os profissionais sérios trataram do assunto de forma impessoal, passando só as informações de forma responsável, sem acusar ninguém, enquanto outros tripudiaram em cima da notícia, muitas vezes inventando informações e até aumentando as verdadeiras, mas de quem é a culpa? É só do repórter que fez a matéria ou de quem comprou o jornal ou ligou o aparelho de tevê naquele determinado programa?

"Nós aprendemos a julgar os outros desde nossa infância, ora pelo que elas estão usando, ora por seus comportamentos, ora pelo que elas têm de material, ou ainda por seu trabalho. E por aí vai. O que precisamos aprender é que não devemos julgar e tirar conclusões precipitadas, mesmo em casos de homicídio. Quem somos nós para atirar a primeira pedra? Cabe à Justiça julgar, é para isso que ela existe. E, acima de tudo, se ela estiver julgando certo ou errado, não nos cabe criticá-la, pois a única justiça que nunca falha é a divina. Essa, sim, julgar verdadeiramente. E o principal: não age para punir, e sim para educar e transformar a vida de uma pessoa."

Sérgio calou-se. Felipe, aproveitando-se da deixa do amigo, olhou para ele, dizendo:

— Você está certo, meu querido! A propósito, o papo está bom, a companhia, melhor ainda, mas amanhã cada qual tem de acordar cedo.

Sérgio abraçou Ivone com carinho. Felipe fez o mesmo com Olívia antes de se despedir dela e entrar no carro. Sérgio, calado, dirigiu o automóvel até parar em frente à casa de Felipe, quando disse:

— Justo hoje que você estava decidido a ficar a sós com Olívia e contar a verdade o nome do seu irmão surgiu. Acho que ainda não é o momento de Olívia saber a verdade.

— Pois é! Eu pensei em me livrar desse peso, mas vou ter de esperar mais um pouco.

— Edson está certo quando diz que tudo tem o seu momento.

Felipe ia lhe responder, mas, ao ouvir os gritos da mãe vindos de dentro de casa, deu a mão para se despedir de Sérgio.

— Tenho de entrar para saber o que está acontecendo desta vez, Sérgio.

O amigo apertou a mão que Felipe lhe estendera, e ao vê-lo entrar na residência, deu a partida no automóvel e se foi.

Felipe entrou, apressado. Ao ouvir os berros da mãe vindo do andar superior, subiu a escada de dois em dois degraus e foi ter com Augusta, que batia com força na porta do quarto de Mário.

— O que está acontecendo, mãe? Dá para ouvir os gritos da senhora na rua.

Augusta olhou furiosa para Felipe. Não aguentava mais aquela situação. Mário, cada dia mais apático, agora dera para falar em suicídio. De Felipe, de quem esperava apoio, só recebia críticas. Decidida a colocar tudo o que sentindo para fora, pôs-se a dizer:

— Não suporto mais vocês dois! Estou exausta, Felipe. Seu irmão chegou em casa com uma arma de fogo escondida na cintura. Eu vi e fui questioná-lo, mas Mário nem me deu ouvidos e se trancou no quarto. E você, que era para estar do meu lado ajudando o seu irmão, não está nem aí para nós.

Felipe passou as mãos nos cabelos, nervoso.

— O que a senhora quer que eu faça, mamãe? Mário está passando dos limites, mas não sei que atitude tomar. Ele não me ouve, e a senhora também não. Facilite!

— Está vendo? Lá vem você me criticar! Tudo é culpa minha. "Você mimou Mário, mamãe. Não o ensinou a lidar com as perdas, sempre fez todas as suas vontades!" Não era isso o que ia me dizer? Agora, seu pai é outro que deve estar adorando tudo isso. Deve estar rindo à minha custa.

Augusta gritava freneticamente com o filho, que, calado, escutou o desabafo.

— Quer saber? Para mim, chega, estou cansada de vocês! Não aguento mais essa vida. Vou embora desta casa, aí quero ver como vocês vão se virar sem mim!

Augusta calou-se. Como Mário não reagiu, ela desceu as escadas e foi sentar-se na sala. Felipe, ao vê-la se afastar, começou a esmurrar a porta do quarto do irmão, que, vencido pelo barulho estrondoso, acabou por abrir a porta. Ao ver Felipe à sua frente, foi dizendo, com ar de pouco-caso:

— O que há? A casa só pode estar pegando fogo para você e mamãe estarem nessa histeria.

— Deixe de ser cínico, Mário! Precisamos conversar – respondeu Felipe, energicamente.

Mário, ao perceber que o irmão não estava para brincadeiras, resolveu dar passagem para Felipe entrar no quarto.

— O que você quer? Fale logo, estou com sono!

— Onde está a arma que mamãe viu na sua cintura?

— Arma? Que arma? Mamãe não está em seu juízo perfeito. Ela deve estar vendo coisas. – Mário esboçou um sorriso zombeteiro.

Felipe, procurando não se exaltar com o irmão, disse:

— Tudo bem, Mário. Se você diz que não tem arma nenhuma, vou acreditar. Sei que tem porte de arma de fogo e não posso obrigá-lo a entregá-la para mim, mas devo lhe dizer que você está indo para o fundo do poço e, se não começar a mudar seus pensamentos, talvez se afunde ainda mais. Agora vou deixá-lo sozinho. Se quiser conversar comigo sem deboches, estarei sempre pronto para ouvi-lo, e quem sabe ajudá-lo.

Felipe saiu do quarto, deixando o irmão perdido em seus pensamentos, e foi até a sala, onde Augusta chorava. Ao ver o sofrimento da mãe, Felipe se aproximou, dizendo, carinhoso:

— Mãezinha, não fique assim! Vai dar tudo certo. Olha, que tal fazermos uma prece juntos, pedindo a Deus que ilumine a mente de Mário?

Augusta olhou demoradamente para o filho. Felipe era o mais novo, mas sempre fora responsável. Várias vezes ele e seu marido a advertiam quanto à forma como ela tratava Mário, sempre fazendo suas vontades e cedendo a todos os seus caprichos. Agora ela estava ali, imóvel, sem poder fazer nada para ajudá-lo. E com isso em mente, comentou, após enxugar as lágrimas que teimavam em cair por sua face:

— Você está sempre certo, Felipe. Eu pequei por excesso com o seu irmão e agora não sei como agir com ele.

— Ora, mamãe! Há sempre tempo para consertar os nossos erros. Mário foi mimado pela senhora, achou que todos tinham de ser como a senhora e satisfazer suas vontades, mas a vida está lhe mostrando que nada se faz por capricho. Ele perdeu o emprego e vem perdendo outras coisas que tentou obter por pura vaidade e não está sabendo lidar com essas perdas. Agora cabe a nós pedir a Deus que o ajude a superar suas fraquezas.

Augusta abraçou o filho, sentindo-se segura em seus braços. Felipe tinha razão. O melhor que poderia fazer naquele momento era pedir a ajuda de Deus. E assim, deixou-se ficar nos braços do filho por um longo tempo.

13

COMEÇA A BRILHAR A CHAMA DO ENTENDIMENTO

Júlio abriu os olhos lentamente. Pela primeira vez sentia-se bem-disposto. Ao mexer os braços, constatou que ainda continuava preso.

— Preciso dar um jeito de sair daqui — disse a si mesmo, ao ver que Arnom não estava no quarto.

Lembrou-se de Sandra; queria vê-la, nem que fosse por alguns minutos. Precisava saber o que ela achava que ganhara com sua morte. Seu desejo fora tão forte que, sem perceber, conseguiu se livrar das amarras de Arnom. Quando se deu conta, estava na sala de Sandra, onde ela conversava animadamente com a manicure enquanto pintava as unhas.

Sandra não pôde vê-lo, mas a presença de Júlio naquele ambiente a fez recordar-se dos momentos que passaram juntos. Ana, ao vê-la com o olhar perdido no espaço, indagou:

— O que foi, mulher? Ficou estranha de repente!

Sandra não respondeu. Estava sentindo uma angústia nunca experimentada antes.

— Você acredita em alma do outro mundo, Ana?

— Ah, eu acredito! Lá no sertão é comum as pessoas verem as almas dos que se foram. Mas por que a pergunta?

— Não sei, estou sentindo um calafrio percorrer o meu corpo, uma angústia. Até parece que estou vendo um pobre-diabo que morreu alguns meses atrás, aqui na minha frente.

— Credo em cruz, Sandra! Canta pra subir, eu hein?! — respondeu Ana, após se benzer três vezes.

Sandra resolveu se calar. Ana era crédula, poderia ficar impressionada e não mais ir à sua casa prestar-lhe serviços, o que para ela seria uma tormenta, pois adorava o trabalho da manicure.

Júlio, que escutava a conversa, ficou satisfeito, pois Sandra registrara sua presença e talvez pudesse lhe contar em pensamento o que acontecera naquela noite infeliz.

Decidido a esperar o momento oportuno, sentou-se em uma cadeira e pôs-se a observá-la.

Lucas, enfadado, olhava para Augusta, que fazia uma toalha de tricô sentada no sofá da sala. Mário ainda dormia. Lucas teria tempo para andar um pouco, e com esse pensamento, decidiu ir à casa de Sandra para certificar-se de que estava tudo bem por lá.

Em poucos minutos chegou ao local, encontrando Sandra em seu quarto, escolhendo o vestido que usaria na comemoração de logo mais. Ao olhar para a cama e ver Júlio sentado, observando, espantou-se, questionando, abismado:

— O que faz aqui? Cadê Arnom?

Júlio sentiu o sangue gelar. Procurando pensar rápido, respondeu, quase gaguejando:

— Ele me deixou vir para cá e ficar ao lado de Sandra.

Lucas pôs-se a rir ao ver a expressão de medo de Júlio.

— Ok! E eu sou Chapeuzinho Vermelho. Conte outra, você conseguiu fugir dele! — comentou, gargalhando.

Lucas pensou em Arnom. Na certa ele estaria com seus amigos nas zonas escuras do Umbral, e Lucas não queria estar na pele de Júlio quando ele voltasse. Júlio, ao vê-lo pensativo, com ar de deboche, questionou:

— Você não vai contar a Arnom que estou aqui, vai?

— Claro que não! Quero que ele se dane. Mas, se eu fosse você, não ficava dando mole por aqui. Arnom é astuto, quando descobrir que você conseguiu fugir dele, irá procurá-lo nos lugares mais óbvios, e esta casa está incluída na lista.

Júlio mordeu o lábio, nervoso. Não sabia o que fazer ou para onde ir.

— Espere aí! Como sabe meu nome e que estava preso por Arnom? — Júlio se levantou e se aproximou de Lucas.

— Isso não vem ao caso agora. Meu nome é Lucas e estou precisando de Sandra. Isso é tudo o que precisa saber a meu respeito, portanto, se quiser ficar aqui e arriscar seu pescoço, não tenho nada com isso, desde que não se envolva com meus assuntos, nem me atrapalhe.

— Eu estou aqui porque tenho de saber o que Sandra sentiu ao me assassinar covardemente — afirmou Júlio, tristonho.

— E pra quê? Quer se vingar dela?

Júlio ponderou. Lembrou-se do que fizera a Arnom em sua encarnação anterior. Fora covarde, inescrupuloso. Seu egoísmo o fez assassinar Arnom friamente e expulsar Aline de casa, impedindo-a de criar os filhos que Deus lhe dera, portanto, não tinha o direito de querer vingar-se de Sandra.

A vida fora boa para ele, lhe dera a oportunidade de aprendizado ao lado de Olívia, que também sentindo-se culpada pelo que fizera a Arnom e Aline decidiu reencarnar ao seu lado para juntos repararem seus erros.

E o que fizera? Fora mais uma vez leviano, deixando-se levar pela paixão desenfreada, entregando-se aos prazeres imediatos da carne, e com isso traiu Arnom, abrindo o caminho com sua conduta para ele tramar a desforra, usando pessoas que ele mesmo prejudicara.

Respondeu a Lucas, com os olhos cheios de lágrimas:

— Não quero o mal de Sandra. Tudo o que pretendo é me aproximar dela para tentar influenciá-la a se arrepender do que fez comigo e passar a agir de outra maneira daqui para a frente. Esse tempo todo que passei em poder de Arnom serviu para eu reavaliar minha forma de ver a vida. Talvez fosse necessário nesta minha última passagem pela Terra ter desencarnado da mesma forma como acabei com a vida de Arnom, para sentir na pele o que ele sentiu, e acho que é exatamente por começar a pensar assim que consegui me livrar das correntes.

Lucas olhou desconfiado para Júlio, que falava com tom de voz seguro, e perguntou:

— Você está desse lado há pouco tempo. Como conseguiu ter essa visão tão ampla de si mesmo?

— Não sei explicar. Talvez por ter recobrado a consciência astral. Mas por que a pergunta?

— Nada de mais. Só estou curioso. Já faz alguns anos que me desliguei do meu corpo carnal e até hoje não consigo me lembrar de nada que não fosse esta minha última existência!

— Talvez porque nunca tenha se preocupado com isso. Mas acredite, no meu caso consegui ver as causas que levaram às consequências, por isso não quero o mal de ninguém.

— Sei, mas quem lhe garante que foi Sandra que cometeu o assassinato? Você a viu, por acaso? — questionou Lucas, que sabia quem havia cometido o crime.

— Não, mas não tenho dúvidas. Embora existissem mais pessoas querendo o meu couro, foi Sandra quem entrou em casa e fez o serviço.

Lucas não se conteve e pôs-se a rir. Júlio lhe falava tranquilamente. Pela primeira vez estava vendo uma pessoa comentar de seu próprio assassinato de forma tão banal. Gostara de Júlio, a presença dele lhe fizera bem. Decidido a ajudá-lo, resolveu fazer-lhe uma proposta:

— Façamos o seguinte. Você fica ao meu lado hoje, pois preciso terminar um serviço, e amanhã vejo como posso ajudá-lo a fugir de Arnom. Nesse meio-tempo, talvez descubra quem o matou e o porquê do crime. O que acha?

Júlio ficou pensativo por alguns instantes e, estendendo a mão para Lucas, respondeu:

— Combinado! Não tenho nada a perder mesmo...

Lucas apertou a mão que lhe fora estendida, dizendo:

— Então vamos deixar Sandra se arrumando. Quero vê-la linda para logo mais e, como a conheço bem, sei que não preciso ficar aqui para garantir isso.

Júlio assentiu. Lucas o pegou pelo braço, sumindo do local rapidamente. Em poucos segundos, chegaram à cafeteria, onde Joseval e Olívia ajeitavam algumas mesas. Júlio, ao ver o local completamente diferente do que era, ficou abismado. Nunca imaginara que Olívia fosse capaz de tocar aquele negócio.

Olhou para a vitrine onde os bolos e tortas apetitosos estavam expostos e falou, quase consigo mesmo:

— Nossa! Olívia tem visão para negócios!

Estava tão abobalhado que nem reconheceu de pronto sua esposa. Só após se aproximar dos dois é que se deu conta de que era Olívia quem arrumava os arranjos de flores nas mesas.

Júlio abriu a boca. Nunca vira Olívia tão bonita. Estava mudada não só fisicamente, mas como pessoa. Seus olhos brilhavam, ela se mostrava mais alegre, cheia de vida, diferente daquela companheira apagada e sem brilho que vivera ao seu lado. Lucas, que podia ler os pensamentos do amigo, aproximou-se.

— É, você perdeu um mulherão! Olívia sofreu muito depois do que lhe aconteceu. Não por sua morte, pois você há de convir que a fez sofrer, mas por estar sendo acusada pelo crime.

Júlio não respondeu. Olívia fora uma excelente companheira, ele não podia deixá-la responder pelo crime que Sandra cometera. Tinha de fazer alguma coisa para ajudá-la.

"Mas o quê?", perguntou a si mesmo.

Lucas mais uma vez respondeu às suas indagações íntimas:

— Relaxe, cara! Talvez em breve todos virão a saber quem cometeu o assassinato, inclusive você.

— Então você sabe quem foi?

— Digamos que sim, mas não posso me envolver com esse assunto. Não quero problemas com Arnom. Agora, se

Sandra, depois do que lhe acontecer hoje, decidir colaborar com a polícia, aí serão outros quinhentos.

— Dona Olívia, a senhora vai mesmo precisar de mim hoje à noite? — perguntou Joseval, fazendo Júlio prestar atenção à conversa.

— Claro que sim! Nós já falamos sobre isso, vou lhe pagar pelo trabalho extra. Mas por que a pergunta agora?

— Não estou me sentindo muito bem.

Olívia olhou para Joseval, que estava pálido. Assustada com o excessivo suor do funcionário, puxou uma cadeira e, após fazê-lo sentar-se, pediu a Kelly que lhe providenciasse um copo com água. Voltando-se para ele, comentou:

— Sua pressão deve ter baixado. Aposto que ainda não comeu nada.

Kelly trouxe a água e entregou-a a Joseval, que após tomar alguns goles, respondeu:

— Talvez seja isso mesmo. Vou à cozinha comer alguma coisa salgada.

Lucas, que observava a cena, ao ver Joseval se levantar olhou para Júlio.

— Ele está registrando sua presença. Você ainda está fraco, talvez esteja passando sua energia para ele. Melhor sairmos daqui. Vamos, vou lhe apresentar uma amiga.

Júlio queria ficar mais um pouco em seu antigo comércio, mas, diante da colocação de Lucas, não protestou e o seguiu, deixando o lugar sem olhar para trás.

Já passava do meio-dia. Maria, sentindo uma leve dor no estômago, foi até a cozinha, onde Rosa preparava a refeição, cantarolando, despreocupada. Ao vê-la distraída, abordou-a, dizendo, nervosa:

— Você não tem jeito, não é, menina? Eu estou morrendo de fome e você nessa moleza! Desse jeito, essa comida não vai ficar pronta hoje, sua incompetente!

— Desculpe-me! Quem sabe eu aprendo a conversar com o fogo e peço para ele se tornar mais forte?

Maria não se conteve. Detestava cinismo e, sem pensar duas vezes, deu um tapa no rosto da filha.

— Vá falar assim com quem você quiser, menos comigo!

Rosa sentiu o sangue ferver, mas procurou se controlar. Não iria travar uma briga com a mãe. Sem pestanejar, baixou a cabeça, deixando as lágrimas correrem, enquanto Maria voltava à sala, irrequieta.

Nilma estava no salão. Ao ver Lucas entrar no local ao lado de Júlio, foi logo dizendo:

— O que faz aqui? Não é hoje que vai se vingar de Mário?

— Ei, calma aí, Nilma! Boa tarde para você também. Eu vim aqui para lhe pedir um favor e lhe apresentar um amigo.

Nilma mediu Júlio de cima a baixo. Ao ver a marca da facada em seu peito, perguntou, histérica, para Lucas:

— Não me diga que este é Júlio!

— É, sim. Ele conseguiu escapar de Arnom. Eu o encontrei na casa de Sandra e pensei que talvez pudesse ajudá-lo.

— Pois pensou errado, seu cretino! Este lugar está de pernas para o ar. Se Arnom resolver vir aqui atrás dele, estaremos perdidos.

Nilma mordeu o lábio. Teve ímpetos de voar no pescoço de Lucas, mas controlou-se. Lucas sempre lhe fora fiel, não merecia, apesar de ser inconsequente, pagar pelos erros de outros.

Lucas, ao vê-la tão nervosa, olhou para Júlio pedindo para ele esperá-lo do lado de fora. Assim que ele saiu, Lucas virou-se para Nilma e questionou:

— O que está acontecendo aqui? Quando entrei não vi nenhum dos nossos homens no portão. Hoje é dia de trabalho com os encarnados, era para este lugar estar lotado.

— Disse bem: era. As coisas por aqui mudaram. Maria andou colocando os pés pelas mãos. Desde que ela começou a pegar fama de boa médium, passou a cobrar uma fortuna por seus trabalhos. A princípio dividia conosco os ganhos, não negava nada do que pedíamos, mas, de algum tempo para cá, tudo o que vem ganhando gasta em benefício próprio, não nos dando nem uma garrafa de cidra. Resultado! Muitos espíritos foram embora e os poucos que restaram estão, além de nervosos e desmotivados, irritados com ela. Ainda ontem, vários médiuns disseram que não vão mais participar dos trabalhos espirituais da casa.

Nilma deu um profundo suspiro. Aquele terreiro era a sua vida. Lucas, percebendo o que se passava em seu íntimo, aproximou-se dela dando-lhe um abraço demorado, dizendo em seguida:

— Fique calma! Vai dar tudo certo. Agora tenho de ir para a casa de Mário. Se precisar de algo, é só me chamar.

Nilma não respondeu. Sentiu em seu íntimo que naquele momento estava se despedindo de Lucas. Após enxugar discretamente algumas lágrimas que insistiam em cair, comentou:

— Você sempre foi um amigo estimado. Espero que, depois de se vingar de Mário, consiga encontrar Aline e ser feliz. Agora, vá! Preciso ficar sozinha.

Lucas olhou fixo para Nilma, querendo guardar sua fisionomia em sua mente. Em seguida, saiu, deixando-a a sós com seus pensamentos. Já na rua, vendo-o triste, Júlio perguntou:

— O que está acontecendo com aquela mulher?

— Nilma está passando por um momento difícil, só isso. — E, sem mais delongas, Lucas se pôs a caminhar, perdido em conjecturas.

14

TRAGÉDIA ANUNCIADA

Aline caminhava lentamente, apreciando o belo jardim do hospital colônia em que vinha se recuperando, quando viu à sua frente a figura amiga de Suzana e pôs-se a correr ao seu encontro, abraçando-a com carinho.

— Que bom que você veio! Preciso lhe falar.

— Eu vim assim que pude. Mas vamos nos sentar. — Suzana pegou seu braço e a conduziu até um caramanchão que o diretor fizera questão de colocar no meio do jardim entre as rosas de diversas cores e hortênsias.

Aline, após sentar-se ao lado de sua nova amiga, comentou:

— Este lugar é lindo, Suzana. Aqui encontrei a paz de que meu espírito precisava para se reequilibrar, mas...

— Mas você não consegue acalmar seu coração, é isso? — quis saber Suzana, ao ver que Aline fizera uma pausa para encontrar as palavras certas.

— É isso mesmo. Sinto que Lucas está precisando de mim e Arnom também, sem contar Olívia. Como posso viver neste lugar maravilhoso enquanto os que amo e prejudiquei estão sofrendo?

— É muito nobre de sua parte pensar assim, mas você tem de aprender que Deus sabe o que faz. Muitos desencarnam e, quando são trazidos a lugares como este no astral, sentem o mesmo que está sentindo. Muitas vezes não se acham merecedores de viver na paz e na harmonia, enquanto os seus sofrem na Terra. Esquecem que Deus é pai benevolente e que a vida tem sua forma de agir com cada ser humano. O sofrimento não deveria existir, todos deveríamos aprender o jogo da vida, mas se não há aprendizado no bem e no amor, há pela dor. E acredite, o sofrimento é bálsamo refrescante na escala evolutiva de centenas de milhares de encarnados e desencarnados. Embora seja triste, a dor traz consigo crescimento e aprendizado.

— Eu sei, mas não consigo deixar de pensar naqueles que deixei. Veja o caso de Lucas, por exemplo. Sinto que se ele concretizar sua vingança acarretará para si mais sofrimento. Talvez eu possa fazê-lo mudar de ideia.

— E o que quer fazer? Ir ao seu encontro e impedi-lo de agir, impedindo que ele use de seu livre-arbítrio?

— Não, claro que não! Sei que isso não é certo, mas talvez eu possa fazê-lo enxergar que suas atitudes de hoje podem acarretar sofrimento amanhã — respondeu Aline, de pronto.

Suzana ponderou por alguns instantes, dizendo ao se levantar:

— Está bem! Vamos falar com Otávio. É ele quem orienta as pessoas que passam por este hospital. E, caso ele ache necessário, eu a levarei comigo à crosta da Terra.

Aline deu um pulo de alegria, e Suzana achou graça do jeito alegre da moça. Em seguida, as duas foram, abraçadas, até a sala de Otávio, onde ficaram à espera para serem ouvidas.

A tarde ia se tornando noite quando Felipe desceu os lances de escada que davam acesso à sala onde Augusta, ao ver o filho bem vestido, usando uma fragrância envolvente, abriu um sorriso ao comentar:

— Nossa, como você está lindo! Aonde vai com tanta elegância?

— Vou a uma festa de aniversário, mamãe.

— Aniversário, né? Sei! Eu só quero saber quando trará sua namorada aqui em casa para eu conhecer. — Augusta queria participar da vida do filho.

— Muito em breve. Primeiro, preciso esclarecer alguns pormenores com ela a meu respeito, depois a trago para a senhora conhecê-la. Mas, mudando um pouco de assunto, e Mário?

Augusta sentou-se no sofá, fazendo um ar de desagrado, respondendo já sem o brilho de antes nos olhos:

— Trancado em seu quarto. Nem desceu para o almoço. E o pior é que estou sentindo uma angústia... parece que algo de ruim está para acontecer.

Felipe fitou a mãe, abismado. Desde a véspera estava com maus pressentimentos, mas, decidido a não deixá-la ainda mais preocupada, procurou dissimular seus sentimentos, dizendo alegremente:

— Deixe disso, dona Augusta! Nunca a vi falar desse jeito. Reze! Peça a Deus para iluminar Mário, que essa sensação desagradável vai embora.

— É o que vou fazer, meu filho. — Augusta, ao ver o filho se aproximar, lhe deu a face para receber seu beijo carinhoso.

Lucas, que escutava a conversa ao lado de Júlio, ao ver Felipe se afastar, disse:

— Você sabe quem é esse aí? O novo namorado de Olívia. Ele está indo para a festa em comemoração ao aniversário de Ivone.

— Não acredito! Olívia já está saindo com outro homem? Aposto que foi coisa da Ivone. Ela sempre me detestou. — Júlio mostrava um brilho indefinido no olhar.

Lucas, ao perceber uma pontinha de ciúme no tom de voz de Júlio, respondeu:

— Não foi. Felipe conheceu Olívia na cafeteria, e daí pra frente começou a rolar uma química entre os dois. Mas não fique enciumado. Esse romance logo cairá por terra.

— Por quê? O que esse cara tem de errado? Ele me pareceu ser uma boa pessoa.

— E é. O problema é que ele é irmão de Mário, que é repórter e ajudou Sandra a prejudicar Olívia, que não sabe do parentesco dos dois, entendeu?

— Nossa, que rolo! — respondeu Júlio, ficando pensativo.

Gostara do rapaz. Talvez Felipe pudesse dar a Olívia o que ele nunca pôde lhe ofertar: amor sincero e compreensão.

Lucas, ao vê-lo circunspecto, deixou-o sozinho e foi para o quarto de Mário. Ao encontrá-lo deitado, encostou-se ao seu lado.

— Como é que é? Vai deixar Sandra à solta, em pleno sábado? Ela vai arrumar outro e te enrolar de vez. Se eu fosse você, iria atrás dela e a obrigaria a passar a noite comigo.

Mário não o ouvira, mas pôde registrar o que Lucas lhe falava como se fossem seus próprios pensamentos. Lembrou-se de Sandra e dos momentos ardentes que passaram juntos. Seu coração se apertou. Nunca sentira por outra mulher nada parecido. Precisava resolver de vez aquela situação. Iria à casa de Sandra, pediria sua mão e, enquanto a papelada para a união civil era providenciada, arrumaria um novo emprego. Seria uma questão de tempo.

Mário respirou fundo. Estava decidido e, com esse estado de espírito, levantou-se e foi ao banheiro, onde tomou uma ducha demorada. Em pouco mais de meia hora, estava na frente de sua mãe, que ao vê-lo animado quis saber:

— Vai sair com algum amigo?

— Vou à casa da minha namorada, mamãe. Estou bonito? — Deu uma volta para a mãe analisar sua aparência.

Augusta, percebendo que o filho estava perturbado, quis saber um pouco mais sobre o que se passava em sua mente.

— Está lindo! Agora sente-se aqui, meu tesouro, e me fale um pouco mais sobre essa sua namorada.

Mário a obedeceu e, com um sorriso nos lábios, pôs-se a falar:

— Ah, mãe! Sandra é linda, uma mulher maravilhosa. A senhora vai gostar dela. Vou trazê-la aqui na próxima semana. Quero que vocês duas sejam amigas, visto que vou pedi-la em casamento hoje e pretendo trazê-la para morar conosco após a união. Isso até comprarmos nossa casa, é claro!

Mário falava sistematicamente. Augusta, não querendo contrariá-lo naquele momento, comentou, fingindo estar feliz:

— Que bom que pretende se casar. Espero conhecer essa moça em breve.

Mário levantou-se, deu um beijo no rosto da mãe e saiu, deixando Augusta angustiada.

—⋘—

Felipe chegou à cafeteria segurando uma caixa enfeitada para presente. Ao ver Olívia falando com Kelly, aproximou-se, deu-lhe um leve beijo nos lábios e entregou-lhe a caixa, dizendo:

— Guarde para mim, por favor! Eu trouxe uma lembrança para Ivone. Quando ela chegar, eu entrego.

Olívia pegou o embrulho e o deu a Kelly, que aproveitou para deixá-los a sós. Felipe, após dar uma olhada no local certificando-se de que não havia ninguém que pudesse interrompê-los, afirmou:

— Vim mais cedo porque preciso lhe contar algo muito importante.

— Dona Olívia, Kelly está precisando da senhora na cozinha! — interrompeu-o Joseval, que já havia se recuperado do mal-estar que tivera.

Suspirando, Olívia olhou para Felipe.

— Desculpe-me, meu amor, mas hoje parece que está tudo dando errado. Joseval passou mal, o que me sobrecarregou de trabalho, e agora o forno resolveu dar problemas também. Podemos deixar para conversar mais tarde, depois da festa?

— Claro, não se preocupe! — Felipe, com cara de menor abandonado, foi se sentar, deixando Olívia com seus afazeres.

Sandra abriu um sorriso ao olhar-se no espelho e dar um último retoque na maquiagem. Já ia pegar a bolsa para sair quando a campainha soou. Ao olhar no espelho mágico da porta e ver a figura de Mário, suspirou profundamente. Pensou em não atendê-lo, mas conhecia-o o suficiente para saber que ele não arredaria o pé dali enquanto não a visse.

"Pensando bem, vou atendê-lo e terminar de uma vez por todas com esse namoro" disse a si mesma ao abrir a porta.

— O que quer, Mário? Sabe que detesto essa mania tupiniquim de brasileiro que adora aparecer na casa dos outros sem avisar.

— Não vai me convidar para entrar? — Mário não deu a menor importância para o ar de desagrado da moça.

Sandra, após dar passagem para ele, fechou a porta e, ao vê-lo sentar-se confortavelmente no sofá, foi logo dizendo:

— Não sei se percebeu, mas estou de saída, portanto, seja breve!

Mário a mediu de cima a baixo. Sandra estava linda, com um longo vestido vermelho que a deixava sensual, o que causou-lhe uma ponta de ciúme. Lucas, que estava ao seu lado, aproveitou-se da situação e pôs-se a lhe dizer:

— Está vendo? Sandra já deve estar arrastando asas para outro. Talvez algum ricaço bonitão. Se eu fosse você, tomaria uma atitude.

Mário trincou os dentes ao registrar as palavras de Lucas. "Se ela acha que vou deixá-la, está muito enganada."

— Aonde você pensa que vai vestida assim?

— Vou ao boteco que Olívia chama de cafeteria. É aniversário de Ivone e a festa vai ser lá.

— Está bem, vou fingir que acredito. Sei muito bem para onde vai — respondeu Mário irritado, fazendo Sandra retrucar:

— Você não sabe nada. E, olha, cansei! Está tudo acabado entre nós, portanto, não lhe devo satisfações. Eu vou para onde eu quiser. — Sandra pegou a bolsa e abriu a porta. — Se quiser ficar aqui, fique sozinho. Quando for embora, deixe a chave com o porteiro.

Mário sentiu o sangue ferver. Não era homem de ser usado e depois jogado fora como se fosse um lixo. Sandra se arrependeria de fazê-lo de trouxa. E com isso em mente, deixou o apartamento.

Na rua, viu Sandra sair do estacionamento dirigindo seu automóvel. Decidido a segui-la, Mário entrou em seu carro, não a perdendo de vista.

Caía a noite quando os convidados de Ivone começaram a chegar. Olívia havia fechado o local para a festa, impedindo a entrada de pessoas estranhas, tornando o ambiente ainda mais familiar.

Edson, que fora sozinho à festa, ao ver Felipe sentado com ar de tristeza foi ter com ele.

— O que foi? Você já contou para Olívia?

— Contei nada! Parece incrível, mas toda vez que tento entrar no assunto, acontece algo que me impede.

— É porque ainda não chegou o momento.

Felipe ia responder quando viu Ivone entrar no salão. Ele e Edson se levantaram para cumprimentá-la.

Os convidados foram chegando aos poucos. Francisco foi com sua esposa e os dois filhos adolescentes. O clima estava alegre. Olívia, ao olhar para o salão onde os grupos foram se formando para conversar, foi ao encontro de Ivone, dizendo:

— Acho que Sandra não virá, o que me deixa mais aliviada. Detesto ter de agir com falsidade.

— Eu também, mas é por uma boa causa. Só Deus sabe como tive de engolir meus princípios para convidá-la. Mas não fique contente! Sandra vai ser a última a chegar. Ela adora ser o centro das atenções.

— É verdade! Havia me esquecido desse detalhe — respondeu Olívia, seriamente, pedindo licença à amiga para dar atenção aos convidados.

<hr />

Sandra parou em um posto de gasolina. Ao perceber que estava sendo seguida por Mário, decidiu entrar na loja de conveniências.

Mário encostou em seguida. Sandra na certa o vira, então falaria com ela mais uma vez. Não suportava mais o desprezo da namorada. Em poucos minutos ele entrou na loja, encontrando-a sentada tomando um suco. Aproximou-se.

— Deixe de bobagem, mulher! Vamos para a sua casa. Lá ficaremos mais à vontade.

— Não, Mário! Eu não quero mais nada com você. Me esqueça!

— Sandra está esnobando você. Não deixe isso barato. Imponha-se! Não tem mais nada a perder, camarada. Vamos, Mário, mostre a ela quem manda, faça-a voltar para casa à força! — Lucas não parava de falar a seu ouvido.

Com essa influência, Mário pegou a arma que estava em sua cintura e apontou para ela.

— Vamos para a sua casa, Sandra! Você é minha!

A balconista, ao ver a cena, pegou rápido o telefone e ligou para a polícia. Sandra, procurando manter-se calma, respondeu:

— Guarde isso, Mário! Vamos conversar com tranquilidade.

— Agora você quer conversar, não é? Está com medo? É assim que gosto de vê-la, bem mansinha. Levante-se bem devagar, você vai sair daqui comigo.

Sandra ficou de pé. Mário estava tão transtornado que nem percebeu que a polícia fora chamada ao local. Sandra já estava segurando sua mão quando algumas viaturas cercaram a loja. Mário, ao ver o movimento dos policiais, jogou Sandra ao chão e aproximou-se da balconista com a arma apontada para ela, dizendo:

— Desgraçada! Você me paga.

A moça começou a tremer. Mário fez sinal para ela sair de trás do balcão, e ela o obedeceu sem titubear.

Em poucos minutos a confusão estava formada. David, um dos policiais, ao ver Mário apontando a arma para a cabeça da balconista, gritou:

— Ninguém atire, calma!

Lucas, que assistia à cena, gargalhava. Júlio, ao ver que a situação estava ficando difícil, chamou-lhe a atenção:

— Deixe esse homem em paz, Lucas! Olhe o estardalhaço que você arrumou!

— Nem pensar. A festa está só começando.

Júlio mordeu o lábio, nervoso. Não imaginava que Lucas provocaria aquela situação, e não sabia o que fazer. Não tardou para os primeiros repórteres chegarem ao local, todos querendo saber com os policiais detalhes do que estava acontecendo. David, que servia de negociador, conversava com Mário tentando convencê-lo a soltar as reféns, não obtendo sucesso.

Os minutos se arrastavam. Nada que o policial falava para Mário o fazia mudar de atitude. Quanto mais o tempo passava, mais decidido ele ficava: mataria as duas moças e se suicidaria em seguida. Sérgio, que estava na delegacia, ao ficar a par do ocorrido foi ter com Edgar.

— Está ocorrendo um sequestro aqui perto. Até agora o policial não conseguiu resolver o problema. Estão pedindo reforços do GOE. O que acha?

— É melhor irmos até lá. Nosso plantão vai acabar logo. Melhor tentarmos resolver isso o quanto antes.

Os dois saíram da delegacia às pressas. Em poucos minutos o carro de Edgar estacionou nas proximidades.

Sérgio, ao se aproximar da loja de conveniências e ver Mário com a arma apontada para as duas moças, comentou com Edgar:

— Meu Deus! É Mário com Sandra!

Edgar olhou com atenção para dentro do estabelecimento. Ao lembrar-se dos dois, respondeu:

— Esse é aquele repórter chato, e uma das moças é a amiga de Olívia. Mas o que eles fazem juntos?

— São namorados. Mas deixe isso pra lá. Com licença!

Sérgio afastou-se um pouco, pegou seu celular e ligou para Felipe, que, após ouvi-lo atentamente, desligou o aparelho, pálido. Edson, ao ver o amigo branco feito cera, questionou, preocupado:

— O que foi?!

— Sérgio me ligou. Ele disse que Mário está fazendo Sandra de refém em um posto de gasolina a algumas quadras daqui. Preciso ir até lá.

Felipe se ergueu. Edson, ao vê-lo incapaz de sair sozinho, segurou-o pelo braço.

— Eu vou com você!

Os dois já iam saindo quando Ivone, ao notar a movimentação estranha, chamou-os, dizendo com um sorriso nos lábios:

— Aonde vocês pensam que vão? A festa mal começou.

Foi Edson quem respondeu:

— Temos de dar uma saidinha. Não há tempo para explicações. Voltaremos assim que pudermos.

Ivone não disse nada. Sentiu que algo de grave estava acontecendo, mas entendeu que aquele não era o momento para perguntas. Olívia, ao vê-la parada, aproximou-se.

— Vamos! Anime-se, afinal hoje é o seu dia.

Ivone olhou para Olívia, e a viu tão feliz que decidiu não comentar nada sobre a saída inesperada dos dois. O local estava cheio, e Olívia, ocupada demais com os convidados; na certa não sentiria a falta de seu namorado durante algum tempo. E com esses pensamentos, respondeu-lhe com um sorriso:

— Estou animada. Você é quem deveria parar um pouco de se preocupar com nossos convidados e se divertir.

— Ora, minha querida, estou me divertindo.

Ivone ia sair quando Kelly chegou perto das duas. Olívia, ao vê-la com os olhos arregalados, quis saber, aflita:

— O que foi? Algum problema na cozinha?

— Não, está tudo em ordem. É que eu acabei de ver o senhor Edson e o senhor Felipe na tevê e achei melhor vir lhe contar.

As duas se entreolharam sem saber o que falar. Apressaram-se até a copa, onde havia uma televisão fixada na parede. Olívia, ao ver Felipe na tela tentando se desvencilhar do repórter, aumentou o volume do aparelho. Kelly, procurando colocá-las a par da situação, comentou:

— Esse canal está com um *link* ao vivo enquanto as outras emissoras estão dando *flashes* entre um comercial e outro. Pelo que pude entender, está acontecendo um sequestro. O irmão do senhor Felipe parece ter endoidado e está fazendo a namorada e uma balconista de reféns.

Olívia não respondeu, procurando focalizar a atenção nas imagens da tevê. O repórter não parava de falar. Quando a câmera aproximou o *zoom* para dentro da loja, ela pôde ver Mário segurando Sandra à sua frente, fazendo-a de escudo humano. Ivone, que olhava perplexa a cena, foi quem quebrou o silêncio que se instalara no local.

— Meu Deus! É Sandra com Mário. Mas espere um pouco... — Ivone fez uma pequena pausa para tentar entender melhor a situação e prosseguiu: — Se Felipe é o irmão do sequestrador, então ele e Mário...

— São irmãos?! — Olívia, àquela altura do campeonato, não sabia mais o que dizer.

As duas estavam tão absortas pelo noticiário que acabaram se esquecendo dos convidados. Francisco, sentado a uma mesa com sua família, estranhou o desaparecimento das duas e decidiu ir à cozinha para saber o que estava acontecendo. Ao entrar no local, ouvir o noticiário e ver de quem se tratava, também sentou-se.

Em poucos minutos, todos da festa voltaram a atenção para o televisor, pois a maioria trabalhava com Sandra. Alguns, ao vê-la refém de Mário, soltavam algumas piadinhas, uma vez que ela não era bem vista em seu local de trabalho. Outros, mais religiosos, começaram a rezar pedindo a Deus para aquela situação terminar bem. Olívia e Ivone, ainda atônitas, não sabiam nem o que pensar.

Enquanto isso, Sérgio aproximou-se de Felipe, puxando-o a um canto, onde pôde falar. Tratou logo de colocar-lhe a par da situação:

— O clima está tenso, Felipe. O GOE já foi chamado. Você não poderá se aproximar da loja. Fique aqui, confie em mim que tudo sairá bem!

— Deixe-me entrar lá. Eu falo com Mário. Tenho certeza de que ele irá se render.

— De jeito nenhum. Já tem um policial negociando. E depois, Mário está perturbado. Se você entrar lá, será mais um a correr perigo. Fique aqui e tente se acalmar. Faça uma prece, peça a Deus para iluminar a mente de seu irmão. Agindo assim estará ajudando, e muito.

Sérgio deu um leve tapinha no ombro do amigo. Ao ver Edson se aproximar, olhou para ele, dizendo:

— Fique com Felipe, procure acalmá-lo. Volto assim que puder.

Edson assentiu, ficando ao lado do amigo, sem nada dizer.

Mário mordeu o lábio, nervoso. Aquela situação havia saído do seu controle. Olhou para a balconista, que estava encostada a um canto da loja chorando. Por segundos sentiu pena da moça, que nunca vira antes, e teve mais raiva ainda de Sandra. Decidido, aproximou-se da garota, ordenando:

— Levante-se! Pode ir embora, mas avise aos policiais que a qualquer movimento estranho eu acabo com esta daqui e depois me mato, ouviu?

A jovem balançou a cabeça e pôs-se a andar devagar. Suas pernas não paravam de tremer. Em poucos minutos, ganhou a rua. Sérgio, ao vê-la, correu ao seu encontro, pegando-a pelo braço e conduzindo-a a uma ambulância para os profissionais da saúde avaliarem suas condições físicas.

Os minutos passavam lentos sem que Mário demonstrasse o menor interesse por terminar com aquele sequestro. Lucas, percebendo que era o momento de dar o golpe final, olhou para Júlio, que estava a um canto com expressão de reprovação, e chegou perto de Mário, dizendo a seu ouvido:

— Olhe para fora! Seus colegas de profissão estão como urubus em cima de carniça, loucos para explorar sua desgraça. Amanhã sua foto estará estampada em todos os jornais.

Mário olhou para a frente do posto onde vários repórteres e fotógrafos trabalhavam. Lembrou-se de quando trabalhava no jornal. Adorava quando havia aquele tipo de situação que ele estava protagonizando. A essas recordações, trincou os dentes. Na certa, todos estavam rindo e se divertindo à custa de seu sofrimento.

— Mário, me solte! Vamos sair juntos, ninguém lhe fará mal — pediu Sandra, tirando-o de seus pensamentos íntimos.

— Cale-se, senão sou capaz de matá-la! Você é culpada pelo que está acontecendo.

Sandra se calou. Mário estava perturbado, e sentiu medo do que poderia lhe fazer. Lucas, procurando instigá-lo ainda mais, lhe falou:

— Você vai ser preso e passará por toda sorte de humilhações, sem contar que nunca mais poderá sair às ruas, pois todos o reconhecerão. Vão caçoar de você pelas costas. Se eu fosse você, eu me matava.

Mário não podia ouvi-lo, mas registrava as palavras de Lucas como se fossem os seus próprios pensamentos. Olhou para Sandra, que tremia à sua frente. Ela não o queria mais, ele perdera o emprego, e agora, diante daquele ato impensado, só lhe restava uma coisa: a morte. Então decidiu ir para um canto da loja, onde ficaria difícil a visão de quem olhava de fora. Lucas, vendo-se prestes a conseguir o seu intuito, pôs-se a dizer, afoito:

— Vamos, mate-se!

— Lucas, não! — gritou uma voz conhecida.

Mário pôs-se a chorar. Estava decidido. Acabaria de uma vez por todas com seu sofrimento.

Enquanto isso, Olívia assistia a tudo pela tevê. Já era tarde da noite, a maioria dos convidados haviam ido embora, pois não tinha mais clima para comemorar o aniversário de Ivone, que entendeu perfeitamente a situação e até sentiu um certo alívio ao ver as pessoas deixarem a cafeteria. Ela não gostava de Sandra, mas não queria que nada de mal lhe acontecesse.

Francisco, que ficara ali com as duas, ao ver que as câmeras da emissora não conseguiam mais mostrar o casal, comentou:

— Não estou gostando desse sumiço dos dois. Esse Mário deve estar muito perturbado. Temo pela vida deles.

— Eu também. Não lhes quero. Embora os dois juntos tenham me prejudicado, estou rezando para que dê tudo certo — respondeu, Olívia apreensiva.

Ivone, decidida a saber mais detalhes sobre o que ocorria no posto de gasolina, foi para o salão principal e ligou para o celular de Edson, que com toda a calma procurou revela-lhe a situação, e em seguida desligou, com a promessa de lhe retornar a ligação caso houvesse alguma novidade.

Felipe, ao vê-lo desligar o aparelho, perguntou:

— Como Ivone ficou sabendo de tudo?

— Elas viram pelo aparelho de tevê da cozinha. Ivone me disse que ela e Olívia estão rezando para que tudo acabe bem.

Felipe, que estava sentado, levantou-se abruptamente. Estava tão absorto com o que acontecia com o irmão que nem se deu conta de que a imprensa filmava ao vivo e que sua mãe àquelas horas já sabia o que se passava com o filho. Edson, ao vê-lo se erguer, indagou:

— O que foi?

— Minha mãe deve estar nervosa. Você poderia me emprestar seu celular? Acabei deixando o meu no carro.

— Claro que sim! Ligue para casa e procure confortar sua mãe. Diga a ela que tudo vai se resolver.

Edson deu o celular nas mãos de Felipe, que rápido discou o número desejado. Em poucos segundos, pôde ouvir a voz de Márcia, a vizinha, do outro lado da linha.

— Oi, dona Márcia! Sou eu, Felipe. Quero saber como está minha mãe.

— Augusta agora está bem, meu filho. Eu vim para cá assim que vi seu irmão na tevê. Ela estava muito nervosa, chorava muito. Fiz com que tomasse um chá de cidreira, que a tranquilizou um pouco. Dona Augusta está em seu quarto, deitada. Achei melhor não deixá-la ver televisão.

— Fez bem, dona Márcia! Diga a minha mãe que estou no posto, bem perto de Mário, e que não deixarei que nada de ruim aconteça a ele. Ah, por favor, anote o número do celular que estou usando. Qualquer problema com minha mãe, me ligue, ok?

— Sem dúvida, meu filho! Não sairei do lado de Augusta. Fique tranquilo – afirmou Márcia, solícita.

Felipe passou o número do telefone e, após despedir-se da vizinha, desligou o aparelho e o entregou a Edson.

— Obrigado! Graças a Deus temos bons vizinhos.

Edson já ia lhe responder quando Sérgio aproximou-se, dizendo:

— Mário levou Sandra para um lugar de onde não se pode vê-los. Os policiais do GOE estão se preparando para invadir na loja. Você precisará ter calma, Felipe. Sinto ter de lhe informar isso, mas daqui pra a frente não sabemos mais o que pode acontecer.

Felipe sentiu o coração bater descompassado. Temia que Mário cometesse suicídio. Lembrou-se do dia em que sua mãe lhe falara que vira o filho com uma arma de fogo. Teve raiva de si mesmo, fora negligente, não tivera coragem de enfrentar o irmão e revistar seu quarto para encontrar o revólver. Agira mal, mas não imaginava que Mário pudesse chegar àquela situação.

Sérgio, ao ver o amigo pálido, pegou seu braço dizendo:

— Seja forte, Felipe! Vamos manter a fé em Deus, que sempre sabe o que faz.

Sérgio apertou-o com força para encorajá-lo e saiu. Felipe tentou fazer uma prece, mas mal podia se concentrar por estar nervoso demais com toda aquela situação.

Mário estava prestes a colocar a arma na cabeça quando Lucas, que o envolvia, ouviu uma voz conhecida chamar sua atenção. Era Aline, que, ao vê-lo, foi ao seu encontro.

— Não faça isso, Lucas! Deixe esse pobre homem em paz!

— Nunca! Agora que estou a um passo de acertar minhas contas com ele, você quer que eu desista? Ainda mais você, que sabe o que ele me fez!

Aline passou de leve as delicadas mãos pela face de Lucas, falando-lhe com doçura:

— E o que acha que ganhará incentivando Mário a se matar? Está certo, você terá se vingado, mas e depois? Até quando conseguirá viver pela lei do "olho por olho, dente por dente"?

Aline fez uma pequena pausa para ver a reação de Lucas. Ao ver que ele ficou pensativo, tornou:

— Você não é um assassino. Caso Mário cometa o suicídio, parte da responsabilidade será sua, acredite! Terá de prestar contas de seus atos. Agora, me diga. Você sempre colocou a culpa de seus infortúnios em Mário, mas há de convir que foi fraco, não conseguiu passar pelas provas que lhe foram impostas enquanto encarnado. Agora acha justo colocar todo o peso das suas desgraças nas costas de Mário?

Lucas ponderava. Suzana, que estava ao lado de Aline, ao vê-lo com os olhos marejados, comentou:

— Você é um bom homem. Acredita que foi injustiçado quando encarnado, mas não percebe que não cai uma única folha de árvore sem que Deus o permita. Foi preso injustamente, sofreu muito, mas veja o caso de Olívia! Ela também foi acusada apesar de inocente, mas, se tirarmos o véu que oculta nossas encarnações passadas de nossos olhos, veremos que ela provocou essa situação. E quando você perdoar Mário, esquecendo-se dessa vingança que nada lhe acrescentará de positivo, conseguirá recordar sua encarnação passada e saberá exatamente o motivo de ter atraído tanto sofrimento em sua última passagem pela Terra.

Lucas lembrou-se do que Júlio lhe dissera sobre ter recobrado sua memória astral. Talvez ele também tivesse cometido erros que não conseguiu reparar. Lucas balançou a cabeça. Aline estava certa, ele não era assassino. O melhor que tinha a fazer era deixar Mário sossegado.

Suzana leu seus pensamentos.

— Por que acha que Deus permitiu que Mário passasse por essa situação? Por acaso acredita que tem poderes para fazer dele seu fantoche? Não, meu querido! Mário deixou-se influenciar por você, porque nutre maus pensamentos, o que abriu espaço para que pudesse obsediá-lo. E depois, você só conseguiu atraí-lo para essa situação porque a vida achou que dessa forma ele poderia rever suas atitudes e, a partir daí, trabalhar com o dom da comunicação que Deus lhe deu para ajudar a humanidade, escrevendo matérias construtivas e em prol de seu próximo.

Lucas enxugou as lágrimas que caíam copiosamente por suas faces. Suzana lhe falava com tanto carinho que ele se sentiu pequeno, qual criança quando faz uma traquinagem, espera levar uma bronca dos pais e, no lugar, recebe compreensão e ensinamento. Olhou para Mário, que segurava Sandra com uma mão de encontro ao peito dela, e com a outra, a arma engatilhada rente à fronte, e abraçou-o, dizendo:

— Acabar com a sua vida não colocará um ponto final em seus problemas. Olhe à sua volta. A imprensa está toda lá fora, nada de mal vai lhe acontecer. Largue esse revólver! Você é um homem corajoso, irá arcar com suas responsabilidades com fibra. Pense em sua mãe e seu irmão, que o amam. Não os deixe sofrer.

Máriolembrou-se de sua mãe, que sempre lhe tratara com amor, e de Felipe, que, por mais que existissem diferenças entre eles, amava verdadeiramente. Ao baixar a cabeça e olhar para Sandra, viu nela uma mulher indefesa, cheia de defeitos e fraquezas. Sem pensar duas vezes, soltou-a e jogou a arma no chão.

Sérgio, que estava do lado de fora, ao vê-los se aproximarem da porta com as mãos erguidas para mostrar que estavam desarmados, gritou:

— Não atirem! Eles vão sair! — Em seguida, correu ao encontro dos dois e pôs-se à frente de Mário.

Sandra saiu correndo e foi amparada por alguns policiais, enquanto Sérgio algemava Mário, cumprindo os procedimentos de praxe da polícia.

Aline, ao ver que tudo terminara bem, foi até Júlio, que estava encostado a um canto sem nada dizer, e abriu os braços para abraçá-lo, dizendo:

— Sei que está pensando no que me fez no passado, mas quero que saiba que não guardo mais raiva de você. Passei muito tempo ao lado de Arnom sequiosa de me vingar, e felizmente descobri que a vingança não nos leva a nada, que não se deve cultivar o ódio no coração e que Cristo, quando nos ensinou que devemos perdoar, perdoar e perdoar, estava certo.

— Então você me perdoa? – perguntou Júlio, com a voz embargada pela emoção.

Ao ver Aline com um sorriso nos lábios, fazendo sinal positivo com a cabeça, levantou-se e a abraçou com força, ficando em seus braços, deixando a emoção do momento tomar conta de seu ser.

15

ESPÍRITOS ATORMENTADOS

Já era madrugada alta quando Mário e Sandra passaram pelo IML para fazerem o exame de corpo de delito. Chegaram à delegacia em carros da polícia separados. Felipe, que deixara o local no momento em que o irmão se entregava, foi à sua casa tranquilizar a mãe e seguiu para o distrito, onde conversava com Sérgio quando o irmão passou por eles ao lado de Edson, que decidiu pegar o caso pelo menos no primeiro momento.

Sérgio, querendo ouvir o primeiro depoimento de Mário, pediu licença a Felipe e foi à sala de Edgar, onde o delegado começava o interrogatório. Mário chorava muito, mal conseguia responder a perguntas simples como nome e endereço. Ao ver Sérgio entrar no local, olhou para ele, respirou fundo, procurando controlar o choro e comentou:

— Você pensa que é um bom investigador, mas não conseguiu descobrir a verdade sobre o caso da viúva negra.

— Caso este que você sensacionalizou só para se dar bem – respondeu Sérgio, sem entender bem aonde ele queria chegar.

Mário pôs-se a rir. Edgar, ao vê-lo visivelmente perturbado, decidiu chamá-lo à realidade, dizendo:

— Você foi preso por fazer duas pessoas de refém, é por isso que está aqui depondo. O assassinato de Júlio Peixoto já está em juízo, os fatos já foram apurados e a culpada será julgada em breve.

Mário deu uma gargalhada em zombaria.

— Como vocês são tolos! Eu, como jornalista, consegui chegar ao verdadeiro assassino, enquanto vocês preferiram colocar a culpa na primeira suspeita que apareceu.

Edson trocou olhares com Sérgio, que aproveitou-se da situação para questionar:

— Então nos diga quem matou Júlio!

— Vocês não vão pegar o depoimento de Sandra? Perguntem a ela, pois Sandra foi amante de Júlio e, ao ser trocada por outra, sentiu o ego ferido, planejou e matou o amante de forma que as suspeitas recaíssem sobre Olívia, assim se vingaria de Júlio e tiraria Olívia de seu caminho, uma vez que, ela sendo acusada pelo assassinato do marido, sairia da empresa em que trabalhava para que ela assumisse seu lugar.

Edgar fitou Sérgio e pôde ver um brilho indefinido em seus olhos. Decidido a terminar de uma vez por todas com aquela história, chamou um dos policiais que estava dentro da sala, dizendo:

— Esse rapaz não está em seu juízo perfeito. Leve-o para uma cela isolada. — E voltando-se para Edson, tornou: — Daqui a pouco virá uma psicóloga avaliar o estado de saúde mental de seu cliente. Só depois disso volto a interrogá-lo.

Edson não lhe respondeu, limitando-se a sair da sala logo atrás de Mário, deixando Edgar sozinho com Sérgio, que ao se ver a sós com o amigo chamou-lhe a atenção:

— Não sei por que não levou o depoimento de Mário adiante.

— Ora, Sérgio! Faça-me o favor! Esse rapaz está desequilibrado. Está na cara que ele tem raiva de Sandra e inventou essa história. Tanto é que a fez de refém por horas.

Sérgio pôs-se a andar de um lado para o outro. Mário chegara à mesma conclusão que ele e talvez aquele fosse o único momento para tentar tirar a verdade de Sandra. Edgar, ao vê-lo nervoso, foi quem quebrou o silêncio que se instalara no local, dizendo:

— Vê se esquece de uma vez por todas esse maldito assassinato!

— Não, Edgar! Olívia é inocente. Vamos fazer assim: você me deixa interrogar Sandra e, se ela não entregar as cartas, nunca mais toco no assunto – respondeu Sérgio, resoluto.

Edgar, decidido a mostrar mais uma vez para Sérgio que estava certo, concordou, pedindo para chamar Sandra na sala, que não tardou a aparecer. Edgar, após vê-la sentada confortavelmente, passou a lhe perguntar o que ocorreu naquele dia para colocar no inquérito policial.

A uma certa altura da conversa, quando já estava satisfeito com as respostas dadas pela moça sobre o caso, Edgar sentou-se à frente de Sandra, passando a testemunha para Sérgio, que foi logo dizendo:

— A senhorita afirmou que conheceu Mário quando este estava fazendo suas reportagens sobre o caso de Júlio Peixoto, correto?

— Sim, Mário me procurou para fazer uma entrevista comigo e acabou rolando um clima. – Sandra passou as mãos pelos cabelos num gesto que já era conhecido pelos dois.

— Pois bem, o seu ex-namorado afirmou agora há pouco em seu depoimento que foi a senhorita quem assassinou intencionalmente Júlio Peixoto e disse que está disposto a testemunhar – blefou Sérgio, dando uma discreta piscada para Edgar, que entendeu o recado, e se limitou a continuar olhando fixo para Sandra.

Ela sentiu o coração gelar, deixando transparecer certo incômodo, respondendo dissimuladamente com um sorriso:

— Mário está louco! Como pode me acusar de um crime que não cometi? Na certa foi aquele advogado que o instruiu a falar essas coisas, uma vez que é ele quem está defendendo Olívia.

— Dona Sandra, limite-se apenas a responder às indagações do investigador. Deixe que eu tire minhas próprias conclusões. – Edgar a olhou com ar de desagrado.

Sandra tratou logo de se justificar:

— Desculpe-me, doutor. É que estou cansada. Passei horas como refém desse louco e não estou me sentindo bem.

— Está certo! A senhorita pode se retirar. Se eu precisar de mais algum depoimento, mando chamá-la.

Sandra levantou-se rápido, após enviar um olhar fuzilante para Sérgio, e se foi. Edgar, ao vê-la fechar a porta, comentou:

— Sandra está de fato escondendo algo. Seja lá o que for, vamos descobrir.

Sérgio abriu um sorriso. Edgar percebeu que Sandra era dissimulada, o que já era um bom começo para juntos descobrirem o verdadeiro assassino de Júlio.

Sandra saiu da sala de Edgar de cabeça erguida. Após ajeitar o longo vestido vermelho todo amarrotado que estava usando e de jogar os cabelos com as mãos, passou por Felipe e saiu da delegacia. Edson que conversava com Mário na cela, ao se aproximar de Felipe e ver Sandra passar, altiva, disse:

— Pobre moça! Espero que ela, ao deitar-se em sua cama, reflita sobre sua vida!

— Acho difícil. Pelo jeito que acabou de sair daqui, não mudou nada. Mas me responda! Como está meu irmão?

— Mais calmo, embora esteja completamente fora de si. Percebi que aquele espírito que vi ao seu lado na loja de conveniências não o está acompanhando, e isso é um bom sinal.

Felipe olhou admirado para Edson. Ele percebera já havia algum tempo que seu irmão vinha sendo obsediado, tanto que chegara a colocar o nome de Mário na lista de preces do centro espírita que frequentava, mas Edson não lhe falara que via espíritos. Decidido a saber mais sobre o assunto, questionou:

— Por que não me falou sobre isso?

— Não queria deixá-lo ainda mais preocupado. Lembra que eu lhe pedi para fazer preces em auxílio de seu irmão? Então! Vi um espírito ao lado de Mário o tempo todo instigando-o a se suicidar. Só parou quando uma mulher apareceu. Não pude entender bem o que estava se passando, mas acho que ela o fez entender que agia errado. Vi também quando uma outra senhora que está nos ajudando no caso de Olívia aproximou-se desse espírito e lhe emanou energias de amor até que ele cedeu e deixou seu irmão em paz. Em seguida, os quatro deixaram o local.

— Quatro? Mas não eram três?

Edson abriu um sorriso antes de lhe responder:

— Havia mais um ali, mas um médium deve controlar as informações que recebe dos espíritos. No meu caso, vejo e escuto claramente o que eles dizem, mas nem tudo deve ser passado adiante, pois falar o que se vê ou se escuta só para sanar curiosidades nada vai nos acrescentar.

Felipe ficou pensativo. Edson estava certo. O que ele precisava saber era que seu irmão ficara livre da influência negativa daquele espírito que aceitara ajuda de espíritos abnegados e seguiu seu caminho. Só lhe restava agora rezar para que seu irmão aprendesse a lição e não cometesse mais erros, procurando vivenciar as leis de amor e perdão que Cristo deixara de ensinamento.

Já passava das dez horas da manhã quando Felipe entrou em casa, encontrando Augusta chorando ao lado da vizinha, que, ao vê-lo, levantou-se do sofá, dando lugar a Felipe. Ele, após cumprimentá-la cordialmente, sentou-se ao lado da mãe.

— Acalme-se, mamãe! Mário, apesar de tudo, está bem. Quando saí da delegacia deixei-o conversando com uma psicóloga. O doutor Edson me disse que será fácil alegar que ele só cometeu aquele ato por estar perturbado mentalmente. Graças a Deus meu irmão não feriu ninguém. Mário tem porte de arma de fogo, e o revólver estava registrado em seu nome, o que alivia ainda mais o processo judicial. É lógico que pagará pelo crime que cometeu, não estou falando que ficará impune, mas em pouco tempo estará livre.

— A culpa é minha, meu filho. Já conversamos sobre isso outro dia, mas dói o meu coração por saber que um filho está preso. – Augusta enxugou a face com um lenço, um pouco mais tranquila por Felipe ter chegado e trazido notícias de Mário.

— Deixe disso, mamãe! A senhora fez por Mário o que achou que era certo. Ficar se culpando de nada adiantará. O melhor que temos a fazer quando ele for solto é dar-lhe carinho e atenção, ajudando-o a superar esse momento difícil. Tenho certeza de que Mário sairá da cadeia renovado.

Augusta não respondeu. Felipe a abraçou com carinho. Márcia, procurando agradá-los, foi à cozinha onde, após fazer o café e esquentar o leite, preparou uma mesa com algumas guloseimas que trouxera de casa e voltou à sala, dizendo:

— Tomei a liberdade de preparar um desjejum para vocês. Vamos para a cozinha. A mente funciona melhor quando o estômago está cheio – brincou, fazendo Felipe, que estava sentindo fome, levantar-se, puxando Augusta e indo todos à copa para se alimentar.

Olívia e Ivone tomavam o café da manhã comentando sobre o ocorrido da noite anterior quando a campainha soou. Ivone, ao ver de quem se tratava, abriu rápido a porta. Era Sérgio, que, ao vê-la, deu-lhe um forte abraço e um beijo, dizendo em seguida:

— Desculpe-me por ontem, mas não deu para ir vê-la. Acabei de sair da delegacia.

— Não se preocupe, eu acompanhei tudo pela tevê. Parece incrível, mas Sandra tem o dom de estragar a alegria dos outros – brincou Ivone, para tirar a ruga de preocupação da testa do namorado, e tornou a falar, baixo: – Venha para a cozinha. Olívia é quem não está muito animada, coitada. Além de ver que o trabalho que teve com a festa em minha homenagem foi para o brejo, ainda ficou preocupada com Sandra e descobriu que seu namorado é irmão do jornalista que a prejudicou.

Sérgio deu a mão para Ivone, e ambos foram à cozinha. Ele, ao ver Olívia comendo um pedaço de bolo sem muito entusiasmo, aproximou-se, dando-lhe um suave beijo no rosto.

— Ahá! Comendo todo o bolo? Aposto que não ia deixar um pedaço para mim.

— Engano seu, Sérgio, tem uma travessa cheia de doces para você na geladeira. Com o que aconteceu, as pessoas mal comeram os quitutes – respondeu Olívia, tentando ser agradável sem conseguir.

A Sérgio não escapou a apatia da amiga.

— Desculpe-me, Olívia, mas não deve ficar assim. Trago-lhe boas novas. Com o que aconteceu, Mário acusou Sandra pela morte de Júlio e, embora ela tenha negado e o depoimento de Mário não tenha valor, pois ele se encontrava perturbado, Edgar percebeu que Sandra está escondendo o jogo e resolveu investigá-la.

Olívia suspirou profundamente antes de lhe responder:

— Até que enfim uma notícia boa. Dizem que há males que vêm para o bem. Quem sabe agora o delegado descobre toda a verdade. – Olívia sorriu, sem muito entusiasmo.

Sérgio, decidindo entrar no assunto de Felipe, comentou:

— Essa noite foi difícil. Felipe passou boa parte do tempo dividindo preocupações entre a mãe e o irmão. Se eu fosse você, ligaria para saber como ele está.

— Sérgio, faça-me o favor! — Olívia parou de comer e o encarou. — Não toque mais no nome desse sujeito, pois nunca mais quero vê-lo!

— Desculpe-me, Olívia, mas se eu fosse você, ouviria o que Felipe tem para falar. Felipe a ama, e só não contou a verdade por temer sua reação. E depois, sou testemunha de que toda vez que ele tentava entrar no assunto, o nome de Mário aparecia na conversa, desencorajando-o.

— Ah, então quer dizer que você já sabia?

Sérgio passou as mãos no rosto num gesto instintivo ao ver Olívia com os olhos fixos nele.

— Já! Felipe me procurou algum tempo atrás para desabafar comigo. Só não lhe contei porque achei que caberia a ele falar de sua família.

— Como fui tola! Eu deveria ter desconfiado. Nesses meses que estamos juntos, ele nunca mencionou a família, mas me dava tanto carinho que acabei não me preocupando com isso. Acho que meu destino é ser enganada pelos homens mesmo.

Olívia levantou-se e, sem pedir licença, foi para o seu quarto. Ivone, ao se ver a sós com o namorado, comentou:

— Olívia está decepcionada. Conheço minha amiga, não se preocupe! Logo ela pensará melhor e entenderá que Felipe não agiu mal. Eu também fiquei chocada quando soube, e agora mais ainda por saber que você já sabia, mas deixe isso pra lá. Venha! Sei que adora bolo, vou lhe servir os doces que sobraram da festa.

Sérgio abriu um sorriso. Os dois ficaram conversando enquanto Sérgio provava das guloseimas, esquecendo-se momentaneamente de outros assuntos.

Arnom chegou acompanhado ao quarto em que aprisionara Júlio. Ao ver a cama vazia, sentiu seu sangue ferver. Olhou para Vítor, praguejando:

— Desgraçado! Não sei como ele conseguiu fugir daqui.

— Eu é que não sei como pude perder meu tempo vindo atrás de você! — respondeu Vítor, cuspindo fogo.

— Venha! Sei quem vai me contar onde esse maldito está.

Os dois saíram do quarto. Em poucos segundos chegaram à porta do terreiro. Arnom achou estranho. Não havia um homem de Nilma sequer tomando conta da porta de entrada. O local parecia abandonado, o que não era comum. No astral, geralmente esses lugares eram cheios de seguranças que impediam o acesso de qualquer espírito, assim evitavam brigas e desavenças.

Vítor, ao ver o lugar pela primeira vez, balançou a cabeça ao comentar:

— Esse lugar está entregue às moscas. Por acaso resolveu brincar comigo?

Arnom não respondeu. Entrou, sendo seguido por Vítor. Ao adentrar o grande salão, encontrou Nilma sentada em uma cadeira, o olhar distante, perdido no espaço. Ao ver Arnom se aproximar, foi falando ao acaso:

— Não sei onde Júlio está e não posso fazer nada por você.

Arnom pensou em xingá-la. Tinha certeza de que Lucas estava por trás do sumiço de Júlio, mas ao vê-la desarmada sentiu pena. Quando conheceu Nilma, viu nela uma mulher altiva, segura de si, disposta a enfrentar qualquer desafio, longe daquela figura apática e sem forças ali à sua frente. Querendo saber o que lhe acontecera, indagou:

— Por que está sozinha? Onde estão seus subalternos?

— Foram todos embora, fiquei só. Se eu fosse você, arrumaria outro para atormentar, pois fiquei sabendo que Júlio foi socorrido pelos cordeiros, e não poderá mais prejudicá-lo.

Arnom trincou os dentes. Vítor, ao ouvir o comentário de Nilma, aproximou-se, dizendo:

— Pelo visto estou diante de dois derrotados. Melhor eu ir embora, do contrário terei de ajudar vocês, e não tenho o dom da caridade.

Vítor rodou nos calcanhares e saiu, deixando-os a sós. Arnom, ao vê-lo se afastar, virou-se para Nilma.

— Está vendo o que o seu amigo me fez? Levei dias para convencer Vítor a levar Júlio para seu quartel e trancafiá-lo.

— Ora, Arnom! Você nem me parece tão preocupado com essa vingança contra Júlio. Sabe o que eu acho? Que se vingou dele no dia em que Júlio desencarnou da mesma maneira que você. Depois disso, só continuou ao seu lado por não ter outro objetivo. E depois, Lucas não teve nada com isso. Júlio se soltou sozinho de suas correntes e procurou o caminho que achou melhor para si. Você deveria estar preparado para isso.

Arnom ficou pensativo. Nilma estava certa. Perdera tanto tempo planejado sua vingança que aquele objetivo virou seu único motivo para continuar sua jornada, e agora que Júlio se fora não tinha mais o que fazer.

Suzana, que acompanhava a conversa sem ser vista, resolveu mudar seu padrão vibratório, foi até a porta de entrada e, após certificar-se de estar vibrando de uma forma que a tornasse visível aos dois, aproximou-se com um sorriso nos lábios.

— Com licença! Meu nome é Suzana. Posso lhes falar por alguns minutos?

Nilma olhou para Arnom que, sem saber como agir, baixou a cabeça. Suzana, ao ver que nenhum deles queria falar, prosseguiu:

— Eu estava passando por aqui e vi este lugar praticamente vazio, então resolvi entrar. Vocês estão sozinhos, precisam de alguma coisa?

Nilma a mediu de cima a baixo. Conhecia bem o trabalho dos espíritos de luz, mais conhecidos como cordeiros de Jesus, e Suzana, com aquela fala mansa, demonstrava claramente que trabalhava para Cristo. A esses pensamentos, decidiu questioná-la:

— O que quer de nós? Por acaso acha que precisamos de sua ajuda e de que somos dignos dela?

— Não vim aqui para ajudá-los, querida! Seria muita pretensão da minha parte. Vim para lhes dizer que é chegado o momento de ambos reverem suas atitudes. Olhem para dentro de vocês e verão que estão sem forças. Você, Arnom, passou décadas sequioso por vingança; e agora, o que fará daqui pra a frente? Esperará mais um século até reencontrar Júlio, já em outra veste carnal, para prejudicá-lo de novo? Até quando deixará de conhecer novos horizontes e ter outras oportunidades de reencarnar para evoluir?

Arnom não lhe respondeu. Suzana acertara em cheio o seu coração já cansado. Nilma, após ponderar um pouco, argumentou:

— Somos seres pecadores. Não merecemos o reino dos céus. Temos de ficar aqui entre os encarnados, esee é o nosso lugar.

— E quem lhe disse isso? Deus é pai amoroso, quer o bem de todos os seus filhos, não importa quantos pecados tenham cometido. Basta se arrependerem de coração e desejarem verdadeiramente recomeçar no caminho do bem. Agora tenho de ir. Se quiserem auxílio, é só me chamar. Por ora, pensem no que lhes falei.

Suzana abriu um lindo sorriso e sumiu das vistas dos dois. Arnom, ao se ver a sós com Nilma, disse:

— Engraçado! Vim aqui para brigar com você e acabei percebendo que ambos estamos na mesma situação.

Nilma suspirou profundamente, sem saber o que lhe responder, limitando-se a olhá-lo com ternura, ficando a pensar em sua situação atual.

16

TODOS COLHEM O QUE PLANTAM

A semana passou sem maiores contratempos. Sandra não foi trabalhar, conseguiu um atestado médico de cinco dias alegando estar emocionalmente abalada com tudo o que aconteceu.

Mário continuava preso. Após passar pela avaliação da psicóloga, que atestou sua incapacidade mental, foi transferido para um manicômio presidiário. Edson usava de todos os meios legais para conseguir um *habeas corpus*, por intermédio do qual uma vez solto Mário seria encaminhado para uma clínica de tratamento psiquiátrico particular.

Augusta foi visitá-lo, só se tranquilizando ao vê-lo bem, apesar de tudo. Felipe se desdobrava para atender a seus clientes do consultório, visitar o irmão e dar atenção para a mãe. Tentou falar com Olívia, mas ela não atendia às suas ligações. Foi Ivone, apiedada com o que estava acontecendo entre os dois, quem atendeu a uma das chamadas do amigo, aconselhando-o a não procurar Olívia até a poeira abaixar.

O crepúsculo descia sobre a Terra, formando um espetáculo de cores no céu, variando entre os tons alaranjados e lilases. Aline olhou aquele espetáculo de rara beleza que naquela colônia do astral ficava indescritível, uma vez que não havia a poluição tão costumeira nas cidades grandes que prejudicava a visão do céu.

Seu coração estava apertado. Júlio, que passeava pelo belo jardim, ao vê-la sentada olhando para o céu aproximou-se, dizendo:

— Este lugar é lindo. Quando encarnado nunca imaginei que houvesse um local como este para se viver após a morte.

— Suzana me disse que há colônias mais afastadas da crosta onde a beleza é ainda mais estonteante — respondeu Aline, ao vê-lo sentar-se ao seu lado.

Júlio nada disse, limitando-se a fitar o horizonte. Quando Judite, uma das enfermeiras daquele hospital colônia, se aproximou e os viu calados, cada qual perdido em seus pensamentos, decidiu puxar conversa:

— Hoje à noite haverá uma peça teatral no anfiteatro aqui do hospital. Vocês foram avisados?

— Fomos, o doutor Fábio nos convidou pela manhã. Estou ansiosa para assistir ao espetáculo. — Aline sorriu.

— Sabe que estou aqui há uma semana, mas ainda custo a acreditar que este lugar realmente exista? — comentou Júlio.

Judite esclareceu:

— Este hospital foi construído com o intuito de atender a pacientes em fase de restabelecimento, e a beleza é fundamental para nos harmonizarmos interiormente.

— Será que foi por isso que Lucas não pôde ficar aqui conosco? — perguntou Aline, mostrando-se interessada no assunto.

— Lucas cometeu suicídio, causando sérios danos ao seu corpo perispiritual. Ele necessita de um tratamento mais intensivo. Nilma, que cuidara dele logo após seu desencarne, só conseguiu amenizar os danos causados, uma vez que não possuía recursos, nem conhecimento para ministrar-lhe um tratamento correto. Por isso teve de ir para um outro hospital especializado em tratar de suicidas.

Aline ficou pensativa. Judite, percebendo a inquietude de Júlio, resolveu deixá-los a sós e despediu-se dos dois, prometendo vê-los no anfiteatro. Os dois ficaram cada qual pensando em seus dramas íntimos.

As primeiras estrelas do céu já surgiam quando Suzana apareceu. Júlio, ao vê-la, abriu um largo sorriso. Suzana os cumprimentou e, após pedir licença, sentou-se, dizendo:

— Trago notícias de Lucas. Ele está bem, disse que sente saudade de vocês e espera revê-los em breve.

Aline abriu um largo sorriso. Júlio, ao vê-la com o semblante mais leve, comentou:

— Aline passou o dia todo apática. Ainda bem que veio lhe trazer notícias de Lucas.

Suzana olhou para Aline, que corou com o comentário feito por Júlio. Voltando-se para ele, indagou:

— E você, por que está com esse jeito triste?

Júlio mirou o céu. Desde que chegara àquela colônia, sentira imensa paz. Nunca antes experimentara tamanha sensação de harmonia interior e bem-estar. E era exatamente essas sensações que o incomodavam. Não se sentia digno de estar ali.

— Não mereço viver neste lugar, Suzana. Minha consciência me acusa o tempo todo pelo que fiz nas minhas últimas encarnações. Sei que Aline me perdoou, mas eu não.

— Bem... Você pode ir ao departamento reencarnatório solicitar um reencarne. Eles estudarão o seu caso e logo voltará à matéria. Agora, você também pode estudar e trabalhar em algo que lhe agrade, aproveitar seu tempo em coisas úteis; assim, quando voltar à carne, estará mais bem preparado para enfrentar os desafios da vida e reparar os seus erros.

— Não sei, estou muito confuso. Penso em Olívia, ela continua sendo acusada pelo meu assassinato; Arnom ainda não me perdoou, e, para completar, não sei quem fez aquilo comigo. Portanto, só conseguirei pensar em mim depois que tudo for esclarecido.

Júlio se calou. Suzana, ao ver que o novo amigo estava sendo sincero, decidiu lhe dar notícias de Arnom:

— Hoje fui de novo até a casa de Maria. Nilma e Arnom continuam por lá, ambos apáticos. Creio que em breve aceitarão nossa ajuda.

— Tomara! O que mais quero é ver o homem que prejudiquei no passado retomar sua caminhada evolutiva, assim como desejo retomar a minha.

Suzana já ia responder quando viu a figura de Fábio aproximar-se com um sorriso nos lábios. Ao ver os três conversando, comentou:

— Desculpem-me se atrapalho, mas, como já está quase na hora da peça e eu os vi ainda sentados aqui no jardim, resolvi abordá-los para irmos juntos ao anfiteatro. O que acham?

— Sua companhia será um prazer! — E Suzana pegou-lhe o braço.

Júlio trocou olhares com Aline, que, após estender-lhe a mão, levantou-se. Os quatro caminharam em palestra animada. Em poucos minutos estavam no auditório.

Júlio, apesar de seus dramas íntimos, sentiu-se feliz com a bela peça teatral e, antes de dormir, fez sentida prece a Deus agradecendo por estar naquele lugar.

⸺◈⸺

Augusta fazia o jantar quando Felipe entrou na cozinha. Ao vê-la preparando uma refeição caprichada, comentou, após dar-lhe um beijo na face:

— Hum! O cheiro está muito bom, o que me deixa ainda mais faminto ainda.

— Em dez minutos coloco a mesa. Vá tomar um banho para tirar o cansaço. Convidei Márcia para jantar conosco.

— Fez bem. Dona Márcia está se mostrando uma verdadeira amiga.

Felipe baixou a cabeça. Augusta, que conhecia bem o filho, havia notado que nos últimos dias seus olhos estavam apagados, sem o brilho costumeiro. A princípio achou que era por tudo o que vinha acontecendo com a família, mas Mário estava para sair daquele presídio psiquiátrico. Até ela se achava mais animada, uma vez que ele seria transferido para uma clínica particular onde o tratamento era diferenciado e Mário estaria de fato em boas mãos.

Decidida a saber o que se passava com o filho caçula, sentou-se ao seu lado, não sem antes verificar as panelas, e perguntou:

— Por que está triste, filho? Não quer se abrir com sua mãe?

Felipe a fitou nos olhos. Augusta se aproximara muito dele nos últimos meses. Aquele seria o melhor momento de lhe falar sobre Olívia. Após suspirar profundamente, pôs-se a falar:

— A moça que estava namorando terminou o relacionamento comigo quando descobriu que sou irmão de Mário.

Augusta se espantou com o comentário, e, antes que Felipe continuasse, afirmou, nervosa:

— Que mulher preconceituosa! E você ainda está triste? Não o estou reconhecendo. Sempre foi centrado, meu filho, era para estar feliz, pois se ela pensa dessa forma não o merece. Ainda bem que não a trouxe em casa.

Felipe deu risada. Augusta, não entendendo o estado de humor do filho, indagou:

— Por que está rindo?

— Porque foi exatamente por causa do preconceito que não a trouxe aqui. E ela não quer mais ficar comigo não pelo que Mário fez consigo mesmo, e sim pelo que ele fez com ela!

Felipe fez uma pausa para ver a cara de desentendimento de Augusta e prosseguiu:

— A moça sobre quem fiz tanto mistério se chama Olívia. Ela está respondendo a um processo judicial em que é acusada injustamente pela morte do marido, Júlio Peixoto, aquela tragédia que Mário explorou de todas as formas possíveis, imagináveis e inimagináveis também, e que a senhora, como grande parte da opinião pública, julgou e condenou, sem ao menos questionar o que estava lendo e vendo nos jornais.

Augusta cobriu o rosto. Nunca imaginara que era por Olívia que Felipe havia se apaixonado. Sem saber o que dizer ao filho naquele momento, levantou-se para apagar o fogo do feijão.

— Estou abismada com essa história, filho. Deixe-me pensar um pouco em tudo o que me falou, depois conversaremos melhor. Agora vá para o chuveiro.

Felipe levantou-se e foi para seu quarto. Quando voltou, já de banho tomado e barba feita, encontrou a mãe em palestra animada com Márcia, que com seu bom humor alegrou o jantar.

O sol aquecia a todos que a ele se expunham naquela manhã cálida de primavera. Já era final de novembro. Na cidade, as pessoas começavam a colocar os enfeites natalinos em suas casas e lojas.

Sandra andava pelas ruas alheia a tudo isso. Deixou seu automóvel no estacionamento e, como chegou diante do edifício em que trabalha antes do horário, resolveu dar uma volta. Fazia mais de dez dias que não ia trabalhar. Aquele seria seu primeiro dia pós licença.

Quando entrou no elevador, respirou fundo e ergueu a cabeça. Não devia nada a ninguém da empresa, portanto não mudaria sua postura. Em poucos minutos chegou ao andar desejado e, após dar uma última ajeitada no vestido, entrou no escritório, indo direto à sala de Francisco, que, ao vê-la, fez sinal para que entrasse e se sentasse à sua frente.

Sandra, após esboçar um sorriso forçado, se acomodou.

— Bom dia, doutor Francisco! Só vim a sua sala para dizer-lhe que estou de volta às minhas atividades.

Francisco mordeu a tampa da caneta que segurava e, após olhar fixamente para os olhos de Sandra, foi direto ao assunto:

— Dona Sandra, a senhora se considera uma profissional séria?

— Claro! — afirmou Sandra, de pronto. Após ajeitar-se na cadeira, debruçou-se sobre a mesa do chefe e tornou, encarando-o: — Só tirei esses dias de licença porque não estava me sentindo bem.

— Não me refiro a sua licença. Posso ser exigente, até um tanto despótico, mas são completamente aceitáveis os motivos que a levaram a se afastar da empresa. O que não é admissível é sua falta de profissionalismo.

Francisco fez uma pausa. Precisava falar tudo o que pensava. Ao ver Sandra fitando-o sem reação, prosseguiu:

— Acho que não sabe, mas sou contra essas pessoas que batem no peito para dizer que são excelentes profissionais, mas na verdade usam de meios imorais, passam por cima da ética, não medindo esforços para alcançar seus objetivos e, quando questionados sobre sua conduta, enchem a boca para falar que essas artimanhas são perfeitamente aceitáveis, pois nos negócios só vencem os mais fortes. Que competição é essa? Será que vale tudo, mesmo? Não, dona

Sandra! Ao menos nesta empresa, não! A senhora fez de tudo para prejudicar dona Olívia, agora está sendo investigada pelo assassinato do marido de sua ex-chefe. Aqui em nossa empresa não trabalhamos com profissionais inescrupulosos como a senhora.

— Mas...

Sandra tentou argumentar, mas sentiu um nó na garganta que a impediu de falar. Francisco, não se deixando levar pelo sentimento de pena, seguiu adiante:

— Nem "mas", nem meio "mas". A senhora está demitida. Passe no departamento de pessoal para assinar os documentos de praxe. E, se quiser uma carta de recomendação, trate de rever suas atitudes. Não vou julgá-la quanto ao homicídio de Júlio Peixoto, mas se souber de algo que possa ajudar Olívia a se livrar de uma vez por todas desse processo, faça-o, pois acredito que esse será o caminho para a sua redenção. Agora, se me der licença, tenho muito o que fazer.

Sandra ficou de pé de um salto. Antes de sair, fitou-o nos olhos e deu as costas, sem nada dizer, indo direto a sua sala onde, ao ver Ivone, foi logo dizendo:

— Pode comemorar. Você e a sem graça da sua amiga ganharam. Meu cargo está vago. É só Olívia voltar e ocupá-lo.

Ivone pensou em ignorá-la, mas diante da face estremecida de sua interlocutora, respondeu:

— Não pense que todos são iguais a você. Olívia está se dando muito bem na cafeteria, pretende até abrir uma filial daqui a algum tempo, e eu não quero ocupar seu cargo, pois em breve vou me casar e pretendo parar de trabalhar e me dedicar ao meu futuro marido e aos filhos que virão. Como pode ver, nem todos possuem sua ambição.

Sandra mordeu o lábio ao ver Ivone se virare e se concentrar em seu trabalho diante da do computador. Em poucos minutos, apanhou seus objetos pessoais e saiu do escritório de nariz empinado, sem olhar para trás.

Nilma conversava com Arnom quando Vítor e mais alguns espíritos entraram no salão. Arnom, ao vê-los, espantou-se. Não esperava rever Vítor, uma vez que ele dificilmente saía da cidade em que morava no Umbral para transitar junto aos encarnados.

— O que o traz aqui?

Vítor, após medi-lo de cima a baixo, disse:

— Estive pensando. Depois que o deixei aqui, acho que este é o lugar ideal para começar a trabalhar com os encarnados. Vocês são dois imprestáveis, por isso resolvi trazer uns homens pra cá e começar a trabalhar.

— E quem você pensa que é? Este lugar é meu. Eu construí isto aqui junto com a médium, portanto, meu amigo, vá cantar em outra freguesia! — respondeu Nilma, irritada.

Vítor, não se fazendo de rogado, retrucou:

— Este lugar era seu. Você fracassou. Agora quem vai trabalhar aqui com os encarnados sou eu!

Vítor olhou para um de seus comparsas fazendo um sinal de positivo com a cabeça. O outro, entendendo muito bem, foi ao encontro dos dois junto com outros homens, e os levou para fora da casa, deixando-os na rua, enquanto Vítor tratava de criar um campo magnético, impedindo a entrada de quem quer que fosse.

Nilma, ao ver aquela cena, pôs-se a chorar. Arnom, sem saber o que fazer, tentou acalmá-la, dizendo:

— Não chore! Vamos arrumar um jeito de entrar no salão.

— Que jeito? Você é cego ou o quê? Vítor tomou o meu lugar. Logo estará trabalhando ao lado de Maria. O jeito é procurar outro canto pra ficar.

— Não entregue os pontos ainda, minha querida! Você pode não ter sua casa de volta, mas Vítor também não ficará nela.

— O que pensa em fazer?

— Bem, por ora, nada. Vamos para a residência de Júlio. Foi lá que me instalei nos últimos anos. Olívia abandonou o lugar, portanto ninguém irá nos perturbar.

Nilma não respondeu, seu coração estava apertado. Lembrou-se de quando começou a construir aquele salão no fundo da casa de Maria. Enquanto a médium construía na matéria, ela plasmava uma cópia no astral, tudo perfeitamente elaborado para atender a todos que a elas procuravam. E agora estava ali do lado de fora, tendo de ir para longe de sua moradia. E, cabisbaixa, seguiu Arnom, sem nada dizer

17

A VERDADE COMEÇA A VIR À TONA

Sandra remexeu-se no sofá. A sala em penumbra denunciava o seu estado de espírito. Lembrou-se da noite que antecedeu a morte de Júlio. Sentia-se rejeitada. Não amava Júlio, mas nunca havia sido esnobada antes. Ao contrário, era ela quem sempre terminava seus relacionamentos.

Quando ele a dispensou, Sandra fingiu ter ido embora, mas na verdade ficara em um canto da casa noturna escondida e de lá pôde ver quem se sentara à mesa ao lado de seu amante e, embora não pudesse ouvir o que eles conversavam, percebera pelo jeito nada amistoso do interlocutor que se tratava de uma discussão.

Sandra passou a mão na testa, na tentativa inútil de afastar aqueles pensamentos. Tinha certeza de que fora ele quem entrara na casa de Júlio e o assassinara. Não contou nada à polícia, pois as suspeitas recaíram sobre Olívia, o que lhe foi providencial, pois ficaria livre dela de uma vez por todas, uma vez que ela seria condenada e presa.

Mas agora as duras palavras de Francisco e o comentário feito por Ivone não a abandonavam. Sandra gostava de somar e fazer as contas do que lucrava com suas atitudes. Compreendeu que estava em déficit consigo mesma, perdera o emprego cobiçado e estava se tornando alvo da polícia no caso de Júlio.

Precisava dar a volta por cima, mas como? Se fosse à delegacia e contasse o que sabia, além de se complicar por ter feito um depoimento anterior falso, ainda levantaria suspeitas sobre uma outra pessoa que poderia se vingar dela.

— Não, isso não! — disse a si mesma.

As horas foram passando, devagar. Já era madrugada alta quando uma ideia lhe ocorreu. Só depois conseguiu conciliar o sono.

Augusta fechou a porta de casa, apressada. Já estava chegando ao ponto de ônibus quando Márcia foi ao seu encontro. Ao vê-la bem vestida, comentou:

— Eu a vi sair, pela janela de casa. Está precisando de ajuda? Quer que eu a acompanhe?

— Não, obrigada! Estou indo resolver um assunto de cunho pessoal, mas prometo que, assim que eu voltar, lhe conto tudo.

Márcia abriu um sorriso. Nunca vira a amiga tão misteriosa antes, mas não disse nada, limitando-se a ficar ao seu lado à espera da condução, o que foi bem aceito por Augusta, que não queria perder o foco de seu intuito.

E foi assim que deu sinal com o dedo para o ônibus parar e entrou no veículo. Após passar pelo cobrador e pagar a passagem, sentou-se e pôs-se a apreciar a paisagem que passava rapidamente pela janela. Em pouco mais de meia hora, deu o sinal e desceu.

O dia estava ensolarado. Nas ruas, as pessoas iam e vinham, apressadas. Augusta olhou a sua volta para se situar e, após pensar no melhor trajeto, seguiu seu caminho.

Olívia chegou à cafeteria no final da manhã e, após cumprimentar Joseval, foi ter com Kelly, que estava na cozinha fazendo bolo.

— Bom dia! Acabei me atrasando, logo hoje que tenho um dia cheio, e à noite ainda vou ao centro espírita.

— Não se preocupe! Eu e Joseval demos conta do movimento da manhã, mas devo adverti-la de que muito em breve precisaremos de mais um atendente. Agora, mudando um pouco de assunto, o que vai fazer em um centro espírita?

— Ora, Kelly! Sabe que já faz algum tempo que comecei a ler as obras de Allan Kardec e, acredite, tudo o que está escrito em seus livros faz sentido. E depois, comecei a ver a vida de uma maneira diferente. Veja o meu caso! Estou sendo acusada por um crime que não cometi, e por quê? Deus por acaso resolveu brincar comigo? Naquela manhã ele acordou, olhou para mim e disse: "Não tenho nada para fazer, por isso vou virar sua vida de pernas pro ar"? Não, minha querida! Eu devo ter cometido algum erro do gênero em minha existência passada, e agora a vida resolveu cobrar o que devo, não para me punir, pois Deus só quer o nosso bem, mas para me reeducar. E na literatura espírita estou encontrando o consolo necessário para que continar lutando. É por isso que resolvi aceitar o convite de Edson e ir ao centro espírita esta noite.

Kelly ficou pensativa. Ela não tinha nenhuma religião. Acreditava que se não fizesse nada de mal a ninguém e procurasse perceber seus defeitos para melhorá-los, já estava de bom tamanho, mas, diante da explicação de Olívia, sentira vontade de conhecer aquela doutrina que tanto enchia de fé e esperança o coração de sua patroa.

— Qualquer dia desses eu vou com vocês a esse centro.

Olívia ia responder quando Joseval entrou na cozinha e as interrompeu, dizendo:

— Desculpe-me, dona Olívia, mas tem uma senhora lá fora que insiste em lhe falar.

Olívia olhou espantada para Kelly. Não esperanva visitas. Decidida a saber de quem se tratava, voltou-se para Joseval.

— Diga que já vou atendê-la, mas deixe bem claro que se for algum fornecedor só os estou recebendo às segundas-feiras.

— Não, não é nenhuma vendedora. Já perguntei. — Joseval rodou nos calcanhares e saiu.

Kelly, ao vê-lo se afastar, comentou:

— Joseval é um homem estranho. Às vezes sinto medo dele.

— Por que isso agora? Por acaso ele lhe fez algo que a desagradasse?

— Não, ao contrário. E é por isso que me incomoda. Você já reparou no jeito dele? É um sujeito frio, calculista, não esboça nenhuma reação. Às vezes tenho a sensação de que no lugar de seu coração há uma pedra.

— Não fale bobagens. Cada um tem o seu jeito de ser, e devemos respeitar o dele. Joseval é um excelente funcionário, e isso é o que importa. Bem, agora deixe-me atender a tal senhora.

Olívia saiu da cozinha, deixando Kelly absorta em seus pensamentos. Ao chegar ao balcão, Olívia avistou uma senhora que, pela aparência e elegância ao pegar a xícara de café, demonstrava se tratar de uma grande dama.

Após receber um sinal de Joseval, que a indicou inclinando a cabeça para a frente, caminhou lentamente em sua direção, parando à sua frente e cumprimentando-a com cordialidade:

— Bom dia! Sou Olívia. Em que posso ajudá-la?

A misteriosa mulher a mediu de cima a baixo antes de levantar-se e estender-lhe a mão.

— Augusta Monteiro. É um prazer conhecê-la!

Olívia sentiu o coração disparar. Estava diante da mãe de Felipe. Augusta, ao vê-la perdida, abriu um sorriso.

— Sente-se! Eu gostaria de conversar um pouco com você.

Augusta aguardou que Olívia se sentasse. Ao vê-la acomodada na cadeira, continuou:

— Sei que essa é uma situação estranha, mas hoje decidi vir lhe falar o que penso a respeito de seu relacionamento com meu filho Felipe.

Augusta fez uma pequena pausa para sorver um gole do líquido quente. Ao ver Olívia ainda um tanto atônita, prosseguiu:

— Pois bem, sei que pode parecer esquisito, mas, quando Mário chegou em casa contando o ocorrido com seu marido, todo feliz por ter conseguido a primeira página que dizia que você estava sendo investigada pelo homicídio, senti meu coração se apertar. Cheguei a pedir para ele ser cauteloso, mas não adiantou. Após algum tempo, até eu fiquei convencida de que foi você realmente que assassinou seu marido e passei a condená-la desde então. Não vou lhe dizer que agora acho que é inocente pelo fato de ter um relacionamento com meu filho, mas desde que fiquei sabendo por Felipe da ligação dos dois, achei melhor colocar os meus prejulgamentos de lado. Não sou juíza, nem Deus para lhe dar um veredicto. Se for inocente ou culpada, mais cedo ou mais tarde a verdade prevalecerá.

Augusta se calou para avaliar as atitudes de Olívia, que mais centrada, obtemperou:

— Então a senhora veio até aqui como mãe zelosa que é para pedir que me afaste de seu filho? Lamento ter de informar, mas perdeu seu precioso tempo, pois não quero mais nada com Felipe.

— Engano seu, minha querida! Felipe é um excelente rapaz, não pode pagar por um erro que não cometeu. Se ele não disse nada a respeito de sua família, foi por medo de perdê-la. O que quero lhe pedir é para reavaliar seus conceitos. Veja! Felipe aproximou-se de você sabendo muito bem de quem se tratava. Acredito que em nenhum momento ele tenha duvidado de sua inocência, enquanto quase todos a condenavam. E isso sabe o que é? Amor, minha querida, amor incondicional, desses raros de se ver hoje em dia. E se eu fosse você, não jogaria um sentimento tão bonito como esse no lixo. Quanto a mim, terei você como uma filha do coração, caso venha a reatar o namoro com meu filho.

Augusta tornou a se calar. Olívia, após enxugar uma discreta lágrima que insistia em cair por sua face, respondeu:

— Obrigada, dona Augusta! Não sei nem o que lhe dizer.

— Não diga nada! Quando colocar a cabeça no travesseiro, pense em tudo o que lhe falei. Agora tenho de ir.

Augusta se levantou, sendo seguida por Olívia, que, após lhe estender a mão, despediu-se dela. Ao voltar à cozinha, encontrou Kelly batendo chantili. Ia comentar sobre o que ocorrera, mas desistiu. Tinha muito serviço pela frente e não poderia perder mais tempo com conversas paralelas. Assim, colocou seu avental e foi ajudar a amiga a confeitar os bolos e as tortas, esquecendo-se momentaneamente da conversa que tivera com Augusta.

Rosa abriu o armário onde guardava os alimentos. Ao ver a pequena despensa quase vazia, foi até a sala onde Maria assistia a um filme na tevê, deitada no sofá. Ao encontrar a mãe apática, postou-se à sua frente, dizendo:

— Não temos o que comer no jantar.

— Faça sopa de fubá! Pelo que sei, ainda tem um pacote.

Rosa suspirou fundo. Nunca imaginara que passaria tamanha dificuldade. "A culpa é desses malditos espíritos!", pensou.

Ela havia assistido a um programa na televisão onde alguém dizia que os "encostos" eram culpados por todos os infortúnios de um indivíduo, o que não era verdade. Cada um atrai para si as situações necessárias para o seu próprio aprendizado, mas Rosa não conseguia perceber isso, e foi com ódio dos tais espíritos que voltou à cozinha e preparou a sopa de fubá para si e sua mãe.

Faltavam dez minutos para as oito da noite quando Olívia entrou no centro espírita acompanhada de Ivone. Edson, sentado à mesa onde os médiuns ficavam, ao vê-las, abriu um sorriso. O salão estava repleto. Aos poucos as pessoas foram se sentando e se deixando envolver com a música harmoniosa que soava no ambiente.

Olívia, as se sentar, sentiu ligeiro incômodo, mas não comentou com a amiga. Em instantes, as luzes foram apagadas, ficando acesa somente uma pequena lâmpada de cor azul.

Em seguida, o dirigente fez sentida prece pedindo a presença dos bons espíritos nos trabalhos. Olívia assistia a tudo com atenção quando viu uma médium esboçar um profundo suspiro e mudar de voz. Assustou-se. Logo pôde perceber que se tratava de um espírito ignorante que vinha obsediando alguém da assistência e fora levado à manifestação espiritual no intuito de ser doutrinado pelo dirigente, que, carinhoso, conversava com o tal espírito, procurando mostrar-lhe que ele estava errado.

Em pouco tempo vários outros espíritos se manifestaram. Já estavam para acabar os trabalhos quando Andréa, uma das médiuns psicofônicas do centro, pôs-se a falar de forma tranquila, após fechar os olhos e exalar um leve suspiro:

— Boa noite a todos! Com a graça de Deus, recebi autorização para vir lhes falar de um caso que estou acompanhando. Trata-se de uma aparente injustiça que está acontecendo. Aparente porque perante Deus a injustiça não existe. Somos nós que pensamos dessa forma por não acharmos motivos para uma determinada situação. Mas devemos ter em mente que tudo está certo. Deus é justo e benevolente. Se não há explicação para as injustiças do dia a dia é porque a causa não está nesta encarnação, do contrário, não existiriam desigualdades. Pois bem, o que quero pedir hoje é para refletirmos a respeito do que chamamos de injustiças da vida, que de injustiças não têm nada. Espero que tudo se resolva da melhor forma possível, em benefício de todos os envolvidos neste caso específico. E que a paz esteja no coração de todos! Obrigada!

Andréa se calou. O dirigente fez em seguida mais uma prece em agradecimento, e as luzes foram acesas. Olívia, que sentira em seu íntimo que as palavras daquele espírito pronunciadas tão docemente eram para ela, ao ver Edson levantar-se, foi ao seu encontro.

— Aquele espírito que falou por último... foi para mim, não foi?

— Bem, embora a mensagem tenha servido para todos, caso contrário não teria se pronunciado em público, diga-se de passagem, posso lhe dizer que sim. Esse espírito abnegado, cujo nome não vem ao caso, está ajudando você. Eu já a vi em várias ocasiões, fazendo de tudo para que essa situação fosse esclarecida.

— Desculpe-me, mas não entendi. Então quer dizer que se fosse só para falar a Olívia esse espírito não teria se manifestado? – questionou Ivone, querendo se aprofundar mais no tema.

— Eu não quis dizer isso. Se o assunto fosse de cunho estritamente pessoal, o provável é que o fizesse em uma sessão fechada. Veja por exemplo o caso da psicografia, em que um espírito trabalha de forma mecânica, ou seja, pega na mão do médium para escrever, ou ditada e intuitiva, onde o mesmo fala e o médium escreve. Esse espírito vai usa recursos para três finalidades: primeiro, para passar uma mensagem pessoal, que só interessa ao médium; segundo, para enviar essa mensagem para uma terceira pessoa ou ainda para que suas mensagens cheguem ao maior número possível de indivíduos, e é nesses casos que se deve publicar um livro. Muitos médiuns acabam recebendo determinadas mensagens que só a eles servirão, mas acabam não percebendo isso e tentam de todas as formas publicar esses escritos, o que raramente acontece. Kardec fala a esse respeito, deixando bem claro que não é tudo o que os espíritos escrevem que deve ser publicado, evitando assim problemas desnecessários e literaturas que não irão acrescentar nada a quem as ler.

— Eu já li sobre isso e tenho de concordar. Uma doutrina séria como a espírita tem de ter muita cautela ao publicar mensagens vindas dos espíritos. – Olívia meneou a cabeça.

— Não só deve como o faz, tenha certeza! – Edson, ao ver Almir, o dirigente, já desocupado, chamou-o, apresentando às duas.

Olívia, após dar-lhe um aperto de mão, comentou:

— Adorei este lugar. Senti aqui uma paz como nunca antes.

— Então venham na próxima semana. E, se quiserem, podem começar a frequentar os nossos cursos, assim aprenderão sobre o espiritismo e como funciona a comunicação com o mundo espiritual — respondeu Almir.

Olívia, após pensar por alguns segundos, perguntou:

— Será que consigo receber uma mensagem de meu marido?

— Pode ser, mas não garanto nada. A comunicação com os espíritos é sempre feita de lá pra cá, ou seja, caso seu marido esteja em condições de lhe mandar uma mensagem e os espíritos superiores acreditarem que será proveitosa essa comunicação, ela acontecerá; do contrário, não.

— Isso entra no exemplo que citei há pouco, Olívia.

— Edson, após pegar um lenço no bolso e enxugar o suor da face, que escorria devido ao calor, prosseguiu: — Muitas vezes escutamos as pessoas falarem que, se houvesse vida após a morte, certamente algum ente seu teria se comunicado. E para quê? Só para provar a essa pessoa que há mesmo uma vida fora da matéria? E suponhamos que isso fosse permitido, será que esse mesmo indivíduo estaria preparado para ver de repente um ente querido seu se materializando assim, do nada? Quem me garante que essa pessoa não viria a ter um ataque cardíaco devido a tamanho susto?

As duas riram prazerosamente com o exemplo dado pelo amigo. Almir, procurando ser gentil, despediu-se das moças, não antes de ressaltar o convite que fizera. Andréa, que conversava com alguns amigos, também se juntou ao grupo, que ao ver o centro quase vazio saiu do local, indo cada um para o seu veículo. Após as despedidas, todos seguiram o caminho de volta aos seus lares.

Sandra acordou de sobressalto. Sonhara que estava sendo presa, acusada de ter assassinado Júlio. A essa lembrança, passou a mão no rosto suado. Precisava agir rápido, não responderia por um crime que não cometera.

Em poucos minutos estava de banho tomado e pronta para sair. Ao olhar o relógio de pulso, constatou que ainda era cedo e, ao sentir o estômago doer, decidiu tomar seu desjejum. Após prepará-lo, sentou-se à mesa, ingerindo rapidamente o alimento, e saiu do apartamento.

O dia amanhecera chuvoso, o que a deixou um pouco mais entediada. O trânsito estava tenso devido a alguns pontos de alagamento, o que a fez demorar mais do que o esperado. Duas horas depois, viu-se diante de um belo edifício no centro da cidade. Olhou, atenta, o local antes de adentrar e se identificar com o porteiro, que após pegar o documento de identidade autorizou sua entrada.

Sandra adentrou o elevador, convicta. Resolveria de uma vez por todas seus problemas. E com isso em mente, saiu do elevador e andou por um vasto corredor onde um carpete vermelho e as luxuosas portas dos escritórios com placas em bronze denunciavam que aquele era um prédio locado para fins comerciais.

Ao parar em frente a uma porta onde havia uma placa com um nome e a prestação de serviço, bateu de leve e entrou, indo direto à mesa da secretária, que ao vê-la abriu um largo sorriso ao lhe perguntar:

— Pois não?

— Por favor, o doutor Edson Oliva está?

— Quem gostaria?

— Diga a ele que Sandra Magalhães deseja vê-lo.

A secretária mediu-a de cima a baixo. Nunca a vira antes. O doutor Edson era um homem muito ocupado. Em sua agenda não havia espaço para consulta sem hora marcada.

— A senhora não marcou hora, e hoje acho que será impossível falar com ele. Por que não me deixa seu nome e telefone para agendarmos a consulta?

Sandra mordeu o lábio. "Na certa essa sonsa não lê jornais, caso contrário saberia bem com quem está falando", pensou, antes de responder com certa irritação:

— Querida, tenho certeza de que seu patrão me atenderá. Por que não vai até sua sala e lhe comunica a minha ilustre presença?

A jovem levantou-se de pronto. Não vira nada de ilustre naquela mulher, mas não quis criar caso. O melhor que tinha a fazer era falar para Edson o que estava acontecendo em sua sala de espera. Assim, entrou no local. Ao vê-lo lendo um processo, aproximou-se, dizendo:

— Doutor Edson, tem uma senhora na sala de espera que não marcou hora e quer de todo jeito ter com o senhor. Seu nome é Sandra Magalhães. O que faço?

Edson fechou a pasta que tinha em mãos ao ouvir o nome que sua secretária pronunciara, respondendo-lhe:

— Peça para ela entrar. E não se preocupe! Conheço bem a figura para saber o que ela deve ter feito para você vir me interromper. Ah! E não estarei para mais ninguém.

A moça sorriu aliviada por não levar uma chamada do patrão, e saiu, voltando em seguida para anunciar Sandra, que ao ver a secretária fechar a porta, deixando-os a sós, sentou-se, dizendo:

— Você deveria pagar uns cursinhos de boas maneiras aos seus funcionários. A educação deles não está compatível com a de um profissional de seu gabarito.

— Clara é uma excelente secretária, mas devo admitir que não está acostumada a lidar com pessoas, digamos, incisivas como a senhora. Mas não foi para falar de Clara que veio até aqui; então, em que posso lhe ser útil? — Edson não disfarçava o aborrecimento.

Ele não estava entendendo aquela visita inesperada, e Sandra não demonstrava nenhuma simpatia. Ela, ao sentir em sua resposta uma certa ironia, ajeitou-se na cadeira, jogou os cabelos para o lado e foi direto ao assunto:

— Resolvi procurá-lo para falar o que sei a respeito do caso Júlio Peixoto.

— E por que isso agora? Você deveria procurar um advogado de sua confiança. Não posso defendê-la nesse caso.

Sandra mordeu torceu a boca, nervosa. Edson demonstrava-se frio. Precisava desarmá-lo. Desse modo, pôs-se a falar:

— Desculpe-me, doutor Edson! Eu fiz tudo errado, entrei aqui da forma errada, falei com o senhor de modo informal, mas esse é meu jeito. Quando vejo, já fiz.

Sandra fez uma pequena pausa para respirar. Jamais fora tão sincera. Ao ver Edson olhando atentamente em seus olhos, prosseguiu:

— Minha vida está do avesso. Perdi meu emprego, passei por todo aquele estresse com Mário e agora estou sendo investigada pela morte de Júlio. E o pior é que se eu for à delegacia para revelar o nome do verdadeiro assassino, será minha palavra contra a dele.

Edson ficou de pé. Não estava acreditando no que ouvia. Precisava pensar rápido. Talvez aquela fosse a única oportunidade de receber a ajuda de Sandra. Tinha de ganhar tempo, e foi pensando assim que a interrompeu, pedindo para a secretária lhes trazer dois cafés. Em seguida, voltou-se para Sandra.

— Façamos assim. Eu vou chamar aqui uma pessoa que poderá ajudá-la. Você nos conta tudo o que sabe e depois veremos a atitude a tomar.

Sandra assentiu. Edson pegou o telefone e ligou para o celular de Sérgio, que estava em casa descansando. Após trocar algumas palavras com o amigo e ouvi-lo dizer que em pouco tempo estaria lá, desligou o aparelho.

— Sérgio é meu amigo pessoal. Tenho certeza de que o que você nos contar ficará aqui, portanto, não tenha medo. Logo ele chegará, enquanto isso, procure se lembrar de tudo o que sabe nos seus mínimos detalhes.

Sandra não respondeu.

Clara entrou, carregando uma bandeja com as xícaras de café e alguns biscoitos finos, e, após colocar tudo na mesa, saiu da sala, deixando-os a sós.

18

REDENÇÃO

Sérgio entrou em casa transbordando de alegria. Jurema, ao vê-lo com um sorriso de orelha a orelha, quis saber:

— O que houve? Faz tempo que não o vejo tão feliz!

— Ah, Juju! Estamos prestes a inocentar Olívia. Se tudo correr bem, muito em breve ela estará livre da acusação de assassinato.

— Que bom! Acho Olívia tão meiga... Depois que a conheci, achei impossível imaginar que ela pudesse sonhar em tirar a vida do marido.

— Eu também, mas Deus deve ter tido seus motivos para permitir tudo o que aconteceu com ela. Acredito que depois dessa provação Olívia estará livre de alguma dívida do passado para ser feliz.

— Assim eu espero, meu querido!

Jurema olhou para os lados. Ao ver que Luiz não estava por perto, baixou o tom de voz:

— Mudando de assunto, seu pai não anda nada bem. Eu falei para ele ir ao médico, mas não adiantou.

— Vou até seu quarto ver como ele está. Se for preciso, eu o levarei algemado até o consultório clínico.

Sérgio rodou nos calcanhares e foi até o quarto do pai. Após leve batida na porta, entrou, encontrando Luiz deitado, pálido, suando frio. Ao ver o pai tremer sem parar, aproximou-se dizendo:

— Pai, levante-se! O senhor está com febre. Vou levá-lo ao médico.

— Deixe-me aqui! É só um resfriado à toa.

— Se fosse só um resfriado, como diz, não estaria de cama. Vamos! Vou ajudá-lo a se arrumar.

Luiz tentou argumentar, mas foi em vão. Sérgio o pegou pelo braço, não lhe deixando outra escolha. Em poucos minutos, Sérgio tirou o automóvel da garagem e, com a ajuda de Jurema, colocou o pai no banco traseiro, conduzindo-o ao hospital.

Ivone jantava com Olívia quando o telefone tocou. Era Sérgio lhe contando o ocorrido, o que a deixou preocupada. Olívia, ao ver uma ruga de aflição na testa da amiga ao voltar à cozinha e sentar-se, questionou:

— O que aconteceu?

— Sérgio ligou avisando que o senhor Luiz foi hospitalizado. Segundo os médicos, ele está com pneumonia e terá de ficar internado para tratamento.

— Então vamos até lá! Sérgio deve estar precisando de apoio – respondeu Olívia, de pronto.

Ivone, procurando acalmar os ânimos da amiga, disse:

— Sérgio já foi para casa. O médico lhe disse que de nada sua presença no hospital ajudaria. Amanhã iremos visitá-lo.

— Farei uma prece pedindo para os médicos do astral ajudarem-no a se recuperar.

— Faça isso, pois farei o mesmo. – Ivone colocou a mão sobre a da amiga.

Olívia lhe falava de seu encontro com Augusta de forma banal. Ela não quisera questioná-la no dia, pois, conhecendo-a bem, sabia que não seria o melhor momento. Nos dias que se seguiram, Olívia não tocou no assunto. Ao perceber que aquela era uma boa ocasião para falar sobre isso, Ivone comentou:

— Você deve pedir em prece para Deus iluminar sua mente, pois ainda não percebeu que a vida lhe deu Felipe de presente.

— Lá vem você com essa história de novo! Já falei mais de mil vezes e vou repetir: não quero ser enganada de novo, e você deveria ser a primeira a me apoiar. Júlio morreu há meses e a cada dia fico sabendo mais a seu respeito. Não quero passar por isso novamente.

— Ora, Olívia, pare com isso! Quando vai enterrar o seu passado de uma vez por todas? Sabe o que acho? Que só falta *isso* para você ser feliz. Júlio errou, viveu uma relação baseada em mentiras, mas com seu consentimento. A vida, com seus motivos, permitiu a morte trágica dele e as consequências a você. Em contrapartida, Deus lhe trouxe Felipe, um homem sincero, carinhoso e que a ama acima de tudo. Sincero, sim, pois seu único erro foi não ter lhe falado desde o começo sobre seu parentesco com Mário. Mas, se analisar melhor, é com ele que você namora, e não com sua família. Sei que é melhor manter um bom relacionamento com os parentes daqueles a quem amamos, mas, se isso não acontecer, o que fazer? E depois, Mário errou e está pagando por esse erro. Quem lhe garante que com tudo isso que se passou com ele, quando Mário estiver bem, não mudará as atitudes e até virá a se tornar um cunhado amigo? Dona Augusta já demonstrou claramente que está disposta a conhecê-la melhor e se mostrou aberta a um bom relacionamento.

As duras palavras de Ivone fizeram Olívia pensar em seu romance com Felipe, sempre carinhoso e atencioso. Ela o amava com toda a intensidade da alma. Ivone estava certa, não poderia deixar que seus preconceitos e o medo de ser iludida de novo a impedissem de viver uma linda história de amor. Assim, respondeu:

— Você está certa. Amanhã vou procurar Felipe e, se ele ainda me quiser, vou fazer de tudo para ser feliz ao seu lado.

— É assim que se fala!

Ivone abraçou a amiga, satisfeita por conseguir seu intuito, apesar da preocupação com o estado de saúde de seu futuro sogro. Sentia-se feliz com a decisão da amiga que tanto estimava.

⋅⋅⋅◈⋅⋅⋅

Felipe aproveitou que naquele final de tarde não atenderia a mais nenhum paciente para enfeitar um pequeno pinheiro que ele comprara. O mês de dezembro havia chegado, e ele, por mais que não tivesse motivo para comemorar o Natal, queria deixar seu consultório enfeitado; assim seus pacientes se sentiriam bem ao ver os enfeites natalinos, e com isso seu estado de espírito também melhoraria.

Em poucos minutos todos os enfeites foram colocados no pinheiro. Ele acabava de ligar o pisca-pisca quando ouviu passos em sua direção. Ao virar-se, deparou com a figura de Olívia, que, ao ver a sala de espera toda enfeitada, comentou:

— Você tem muito bom gosto. Essa combinação de verde com o vermelho das bolas natalinas ficou linda.

— É, essas são as cores predominantes da época. Só resolvi explorá-las um pouco mais – respondeu Felipe, com o olhar brilhante ao estar frente a frente com sua amada.

Olívia, um tanto tensa, decidiu ir direto ao ponto:

— Bem, não foi para falar de seus enfeites que vim aqui. Eu gostaria de lhe fazer um convite.

— Convite? – questionou Felipe, com um tom de voz amoroso.

— Hoje pretendo preparar aquele macarrão com brócolis ao molho branco. Que tal ir jantar em casa?

— Às nove?

— Combinado! A gente se vê mais tarde, então.

Olívia virou as costas e saiu, deixando Felipe animado com o convite. Em poucos minutos, ele saiu do consultório, indo direto para casa, onde encontrou Augusta fazendo tricô ao lado de Márcia. Ao vê-lo, olhou para o relógio, dizendo:

— Você chegou cedo. Ainda nem comecei a preparar o jantar.

— Não se preocupe, mamãe! Jantarei na casa de Olívia. Agora, se me der licença, preciso tomar um banho e me arrumar.

Felipe beijou o rosto da mãe e foi para seu quarto. Augusta, ao se ver a sós com a vizinha, sussurrou-lhe:

— Tomara que eles se acertem de uma vez por todas.

— Estou rezando para que isso aconteça.

— Eu também! Depois de toda a tempestade que estamos passando, o sol será bem vindo em nossas vidas.

Márcia abriu um sorriso e continuou se ocupando da toalha de mesa que ela e Augusta se propuseram a fazer para ser vendida no bazar beneficente do bairro.

Felipe arrumou-se rápido. Ao voltar à sala, encontrou a mãe sozinha. Augusta, ao ver o filho bem vestido, exalando perfume de boa qualidade, não se conteve:

— Você está lindo, filho. Estou rezando para que o jantar seja proveitoso.

— E será, mamãe. Conheço Olívia, tenho certeza de que ela já me perdoou.

Felipe beijou a mãe e saiu. Em pouco mais de meia hora chegou à casa de Ivone, onde Olívia o atendeu alegremente.

O jantar estava pronto. Olívia deixara a mesa posta. Felipe a olhava com atenção. Os dois se sentaram na sala para uma breve conversa antes da refeição. Felipe falava de como esteve sua vida nas últimas semanas e Olívia o ouvia sem interrompê-lo. Quando o nome do irmão surgiu na conversa, Felipe disse:

— Olha, Olívia, eu queria que você entendesse os motivos que me levaram a não lhe contar que sou irmão de Mário.

— Psiu! Não diga nada! Você não tem de se explicar. Fui eu que agi de forma precipitada. Deixei as experiências do passado influenciarem minhas decisões, fiz comparações desnecessárias. Sabe que com tudo isso que vem me acontecendo eu fui ficando fria por dentro, mas não sou assim, e percebi que também não quero ser. Quero amar e ser amada e vou fazer de tudo para não deixar o meu passado influenciar o meu futuro. Farei isso no tempo presente.

Felipe se aproximou de Olívia e lhe deu um abraço apertado. Naquele momento, nada mais importava. A mulher que amava estava ali em seus braços, mais amorosa do que nunca. Os dois ficaram juntos, calados, ambos não querendo quebrar o clima romântico que se instalara em seus corações, ficando assim por alguns minutos, até que Olívia se levantou e o pegou pelas mãos, conduzindo-o à sala de jantar, onde lhe serviu a refeição.

Os dois jantaram, fazendo planos para o futuro.

Olívia já servia a sobremesa quando Felipe se deu conta de que Ivone não estava em casa e a questionou:

— Ivone e Sérgio saíram para jantar fora?

— Não! Que cabeça a minha! – Olívia levou a destra à cabeça. – O pai de Sérgio está hospitalizado. Eu fui ao hospital fazer-lhe uma visita. Ivone foi comigo, mas ficou lá fazendo companhia a Sérgio.

Felipe ficou pensativo. Sérgio lhe era caro, e senhor Luiz tornara-se para ele um pai. Sempre que ia à casa dele, eles passavam horas conversando. Precisava fazer-lhe uma visita.

Olívia, ao vê-lo pensativo, tratou logo de colocá-lo a par do estado de saúde de Luiz. Felipe ouvia, atento. Quando ela terminou de falar, ele comentou:

— Amanhã irei até o hospital. Sérgio deve estar precisando dos amigos.

— Passe na cafeteria antes. Eu vou com você.

Felipe assentiu. Os dois continuaram conversando. A noite ia alta quando ele se despediu e foi embora, deixando Olívia à espera de Ivone, que não tardou a chegar.

Rosa chegou em casa no final da tarde. Estava cansada, andara o dia inteiro, de agência em agência, preenchendo currículos e fazendo fichas. Nunca trabalhara para fora. Embora tivesse o ensino médio completo e alguns cursos complementares, não possuía registro em carteira.

Maria, que se encontrava na sala assistindo televisão, ao ver a filha jogar-se no sofá para descansar, disse, irritada:

— Não sei por onde andou, mas tem uma pilha de louça para lavar e janta para fazer! Hoje atendi a uma cliente e consegui uma boa quantia em dinheiro, o que deu para o supermercado e pagar algumas contas em atraso.

— Não sei por que ainda insiste em atender aos outros. Nilma não trabalha mais com a senhora, e o que está fazendo é charlatanismo. Amanhã ou depois essa cliente virá atrás da senhora, e será mais uma a fazer escândalo na porta.

Maria sentiu o sangue ferver. Rosa, a cada dia que se passava, tornava-se mais arredia. Sem pensar duas vezes, levantou-se e foi em sua direção gritando:

— Deixe de ser mal agradecida! Se você está viva até hoje, foi por causa do meu trabalho. Sempre foi dessa forma que coloquei comida em seu prato!

— Isso porque teve preguiça de trabalhar pesado. Achou mais fácil ganhar com sua mediunidade, mas agora acabou. Seus dons foram embora. Por que não admite isso de uma vez por todas? — Rosa se ergueu e encarou a mãe, que, cega de ódio, não se conteve e deu um tapa na filha.

Rosa não revidou, saindo da sala para fugir de Maria, que ao vê-la correr para o quintal deixou-a chorando. Arnom, embora estivesse influenciando Rosa a distância, mas sem ter responsabilidade nenhuma sobre a discussão, aproveitou-se da ocasião dizendo:

— Sua mãe nunca se preocupou com você. Está na hora de mudar essa situação.

Rosa registrou suas palavras. Sua mãe se tornara amarga, sempre nervosa. Ultimamente a tratava mal, as brigas constantes e as ofensas mútuas pareciam não ter fim.

— Vou acabar com isso de uma vez por todas — disse a si mesma, indo para o fundo do quintal.

Abriu o salão. Ao entrar, deparou com as imagens de alguns santos iluminadas pelas velas na parte superior do altar. Embaixo, algumas imagens de mulheres seminuas e de homens com chifres, pintadas de vermelho e preto.

Rosa olhou a sua volta. Ao ver uma garrafa de álcool a um canto do salão que Maria usava para fazer brasa no turíbulo, teve uma ideia. Colocaria fogo no local, só assim sua mãe deixaria aquela vida de uma vez por todas. Com isso em mente, pegou a garrafa, abriu-a e começou a jogar o líquido por todo o salão, só parando quando viu o recipiente vazio. Pegou uma das velas do altar e pôs fogo na cortina.

Já ia saindo quando um violento vento bateu a porta, fechando-a. A chave estava do lado de fora. Rosa tentava abrir a porta sem conseguir. Em poucos segundos o fogo foi se alastrando. Vítor e seus comparsas, ao verem o lugar ardendo em chamas, decidiram partir. Arnom, que pôde vê-los se afastar, entrou no local. Ao ver Rosa gritando por socorro, desesperou-se. Não queria que nada de mal lhe acontecesse. Teria de agir rápido, mas como?

Sem saber o que fazer, foi até a casa onde Maria, que estava distraída, ainda não sentira o cheiro da fumaça por estar no cômodo da frente. Ao vê-la, aproximou-se dizendo em seu ouvido:

— Vá para os fundos! Rosa está precisando de você.

Maria o ouviu com clareza, embora não conseguisse reconhecer a voz, pois Arnom nunca falara com ela. Foi para a ala contígua da casa, onde pela janela pôde ver o fogo dentro do salão e Rosa gritando, desesperada.

Maria precisava ajudar a filha a sair dali. Correu até a porta e a abriu com força. O lugar estava em chamas. Rosa respirou muita fumaça e quase não teve forças para sair do local. Maria a pegou pelos braços e as duas foram para a rua.

Nilma olhava com pesar para os destroços da casa de Maria, que ficou completamente destruída, pois, quando os bombeiros chegaram, já não havia muito o que fazer. As chamas se espalharam rapidamente e, quando o fogo foi enfim controlado, já não restava mais nada, a não ser algumas vigas que insistiam em ficar em pé.

Arnom, ao vê-la pensativa, procurou consolá-la:

— Não fique assim! Rosa, sem saber, acabou fazendo a coisa certa. Vítor não terá mais motivos para ficar ao lado de Maria, que por sua vez terá de arrumar um emprego e viver a vida com dignidade.

— Você está certo, Arnom! Parece que finalmente escolheu o bom caminho a seguir.

Arnom e Nilma se entreolharam ao ouvir a voz de Suzana, que entrou na conversa com um belo sorriso nos lábios. Arnom, ao vê-la, respondeu:

— Eu não fiz nada de mais. Só não queria que Vítor se desse bem.

— Não tente esconder seus sentimentos, meu querido. Há dias você se aproximou de Rosa e a fez perceber que o melhor que tinha a fazer era começar uma vida nova. E depois, vi seu desespero quando ela ficou presa no cômodo em chamas. Isso prova que não é mais aquele homem egoísta e vingativo.

Arnom baixou a cabeça. Suzana estava certa. Em seu coração não cabia mais o ódio. Quando Júlio fugiu de seu domínio, ficou desmotivado. Ao aproximar-se de Rosa e começar a ajudá-la, um sentimento de alegria tomou conta de seu ser e pôde perceber que ajudar o próximo era o mesmo que socorrer a si próprio. Suzana, ao ler seus pensamentos, comentou:

— Aline e Júlio estão bem e desejam vê-lo antes de se mudarem para outra colônia. Se quiser, poderá ir comigo até o hospital onde eles ainda se encontram.

Arnom sentiu um frio na barriga. Não estava preparado para revê-los, fizera muito mal a ambos e, com certeza, iriam lhe cobrar por isso.

— Não, Arnom! Ambos o perdoaram e o esperam ansiosos para finalmente esclarecerem os fatos passados, para que cada um siga seu caminho em paz.

Suzana estendeu a mão para Arnom, que olhou para Nilma qual menino quando quer a permissão da mãe para fazer algo que não sabe definir se é o correto. Nilma, percebendo o dilema do amigo, falou:

— Siga seu caminho! Eu vou ficar bem.

— Por que não vem conosco? — Arnom tinha lágrimas nos olhos.

Nilma, após trocar olhares com Suzana, abriu um sorriso malicioso ao responder:

— Não posso. Para entrar no lugar aonde você vai é preciso arrepender-se de coração pelos erros cometidos e estar disposto a mudar, o que não é o meu caso. Mas não se preocupe! Tenho alguns amigos que com certeza irão me dar guarida.

— Se sabe disso, por que não muda? Tudo muda no Universo, o tempo todo. Ficar estacionada não vai ajudá-la em nada, pois não chegará a lugar algum.

— É isso mesmo, Nilma. Veja meu caso! Não deixe para amanhã o que se pode fazer hoje!

Nilma não respondeu. Apenas acenou para eles antes de desaparecer de suas vistas, deixando Arnom com o coração apertado. Suzana, não querendo explorar as emoções de seu novo tutelado, limitou-se a envolvê-lo em suas energias, tirando-o dali.

Maria andava pelos largos corredores do hospital, apática. Passara a noite na delegacia, dando explicações ao delegado. Ao ver uma enfermeira vindo em sua direção, parou para pedir-lhe informações. Estava ansiosa.

Os bombeiros haviam lhe dito que Rosa ficaria bem, mas queria ver a filha e, ao ser informada do leito onde Rosa se recuperava, foi direto ao local, encontrando-a dormindo.

Pôs-se a observá-la. Seu braço estava enfaixado. Maria não sabia, mas Rosa sofrera queimaduras de terceiro grau por todo seu braço esquerdo, o que lhe deixaria marcas de seu ato por toda a vida.

Maria pôs-se a contemplá-la. Rosa era seu único bem, e precisara passar por aquela situação para perceber isso. Olhou à sua volta. Havia mais duas camas no quarto que estavam desocupadas e uma cadeira ao lado de cada leito. Maria, sentindo-se cansada, recostou-se na cadeira, ficando a velar o sono de sua filha.

O dia estava clareando quando Rosa acordou. Maria, ao vê-la se remexer, levantou-se dizendo:

— Não se mexa muito!

— Mãe, eu...

— Não diga nada! — Maria acariciou a face da filha, prosseguindo, com lágrimas nos olhos: — A culpa foi minha. Eu fiz tudo errado. Usei mal o dom da mediunidade que Deus me deu. Sabe, essas horas que passei aqui velando seu sono me fizeram rever todo o meu passado, e acredite, é muito justo o que estou passando hoje.

Maria suspirou fundo. As lágrimas caíam copiosamente por seu rosto. Queria continuar a fala, dizer a filha que fora uma mãe ausente e ditadora, que nunca se preocupara com seus sentimentos, mas um nó na garganta a impediu.

Rosa, ao ver o estado da mãe, falou com dificuldade:

— Agora vai dar tudo certo. A senhora vai ver. Seremos muito felizes.

— Claro que sim. Eu liguei para sua tia Júlia lhe contando o ocorrido. Ela nos ofereceu hospedagem e trabalho para nós duas em um restaurante de uma amiga que está precisando de funcionários. Tenho certeza de que, com a ajuda de Deus, em breve reconstruiremos nossa casa, mas desta vez, dentro das leis de amor e do respeito ao próximo. E eu nunca mais usarei o meu dom para ganhar dinheiro, e sim para ajudar meu semelhante.

Maria deu um beijo na face de Rosa, deixando suas lágrimas se misturarem com as dela, ambas felizes por estarem finalmente se entendendo e com confiança no futuro, onde não mais usariam da comunicação mediúnica em benefício próprio.

19

O PERDÃO
AQUECE A ALMA

A semana passou rápido. Sérgio estava no hospital ao lado do pai, quando Olívia e Felipe adentraram a enfermaria. Sérgio, ao vê-los, levantou-se, dizendo baixinho:

— Que bom que vieram, estou me sentindo tão sozinho!

Olívia olhou para o leito, onde Luiz dormia, ligado a aparelhos, e, voltando-se para o amigo, respondeu:

— Viemos fazer uma visita, mas acho melhor sairmos do quarto. Assim não incomodaremos seu pai.

Os três saíram do local, andaram por alguns corredores até chegarem à cantina, onde cada um pediu um café. Felipe, ao ver a palidez do amigo, comentou:

— Você precisa descansar, Sérgio. Se quiser, revezaremos com você aqui no hospital, assim poderá ficar um pouco em casa, descansando.

— Obrigado, meus amigos, mas não consigo relaxar com meu pai nesse estado. Há pouco conversei com o médico, que não está muito esperançoso com relação à recuperação de papai. Seu estado de saúde pede cuidados.

— Ivone disse que não quer pedir afastamento do trabalho por enquanto.

— Não é que eu não queira, Olívia. É que não posso. Hoje à noite irei trabalhar, e se tudo sair como o planejado, amanhã cedo saio de licença. – Sérgio ocultava seu verdadeiro motivo.

Os três continuaram conversando. A tarde já estava no fim quando Ivone chegou ao hospital para passar a noite ao lado de Luiz. Olívia e Felipe os deixaram a sós, prometendo voltar no dia seguinte. Sérgio, após fazer um breve relato de como o pai passara o dia, deixou o hospital, indo direto para a delegacia para cuidar dos pormenores do que faria à noite.

Caía a tarde no astral quando Suzana, Júlio e Aline adentraram os vastos portões do hospital onde Lucas estava em tratamento. Aline olhou a sua volta; o céu era mais cinzento, e o clima, mais denso do que o da colônia onde moravam. Suzana, procurando elucidá-los, comentou:

— Como já tinha dito a vocês, este lugar é um pronto atendimento para espíritos que se suicidaram e, como fica situado nas regiões umbralinas, o clima é mais pesado devido às emanações de energia dos moradores destas paragens, e aqui dentro do hospital em especial, pelas emanações de sofrimento dos que aqui estão em tratamento.

Júlio ficou pensativo. Quando encarnado, ouvira várias religiões condenarem o suicídio, cada qual dando sua versão e em todas o castigo crucial de Deus a quem comete o ato. Assim, perguntou:

— É para este lugar que vêm todos os que se suicidam?

— Não, meu querido! – respondeu Suzana, de pronto, e, após fazer uma pausa para olhar nos olhos do interlocutor, prosseguiu: – Aqui se encontram os suicidas que, após muito tempo de dor e sofrimento, tiveram consciência de seu ato e desejaram mudar e reparar seus erros, assim como Lucas, mas esse assunto é muito complexo. Hoje viemos aqui para levar Lucas conosco. Em uma próxima oportunidade debateremos melhor sobre o suicídio. Agora, vamos!

Suzana pôs-se a caminhar, sendo seguida pelos dois, que calados observavam tudo ao redor. Em minutos entraram no hospital. Suzana, após trocar algumas palavras com uma senhora que atendia a todos que se aproximavam do balcão na entrada, voltou-se para eles, dizendo:

— Lucas nos espera na sala de música. Vamos até lá.

Suzana os conduzia por longos corredores até parar em frente de um salão, de onde suave melodia podia ser ouvida por trás da porta que ela abriu.

— Podem entrar. Acho que vocês têm muito o que conversar. Irei rever alguns amigos e deixá-los a sós.

Os dois consentiram com a cabeça. Ao entrarem no recinto, viram Lucas sentado, de olhos fechados. Aline sentiu seu coração disparar. Desde que fora socorrida por Suzana, esperara ansiosamente por aquele momento e, sem pensar em mais nada, correu ao seu encontro. Lucas, ao perceber a movimentação atípica do local, ergueu as pálpebras. Quando viu Aline à sua frente, levantou-se e, sem palavras, a abraçou. Júlio, que ficara parado, ao vê-los abraçados, esperou um pouco, só se aproximando do casal quando ambos se separaram alguns centímetros, dizendo com um sorriso:

— Eu não quero atrapalhar. Se quiserem, saio e aproveito para conhecer melhor este lugar.

— Não, fique! Preciso falar com vocês dois. – Lucas deu um forte abraço no amigo e fez sinal para que se sentassem, dizendo: – Preciso lhes contar algo que talvez fará com que vocês se afastem de mim.

Júlio olhou para Aline, que, assustada, foi logo dizendo:

— Nada que venha a dizer irá mudar o que sentimos por você, então por que não deixa de lado assuntos desagradáveis?

Lucas abriu um sorriso nervoso ao lhe responder:

— Não é tão simples assim, não podemos simplesmente deixar de lado assuntos desagradáveis só para nos pouparmos. Nesse tempo que fiquei aqui, aprendi que devemos encarar os problemas e resolvê-los, porque, mesmo que os deixemos de lado, eles estarão ali à espera do melhor momento para reaparecer, porque precisamos resolvê-los.

— Lucas está certo, Aline. – Júlio olhou firme nos olhos da amiga e, voltando-se para ele, tornou: — Somos seus amigos. Se precisa nos dizer algo, iremos escutá-lo, e seja lá o que for, entenderemos.

— Obrigado! – Lucas soltou um longo suspiro. – Lembra quando você me disse que havia recordado os fatos de sua encarnação passada e eu lhe disse que eu não conseguia relembrar a minha?

Júlio fez que sim. Ele percebera que o amigo estava criando coragem para lhe falar sobre seu passado, por isso resolveu se manter calado. Lucas, ao ver o olhar encorajador de Júlio, prosseguiu:

— Pois bem. Aqui consegui lembrar-me do passado e, por incrível que pareça, a vida não nos uniu por acaso. Eu vivi na França junto com vocês. Chamavam-me de Henry e era seu servo fiel.

Júlio fitou Aline, que, por segundos, pensou em questioná-lo, mas desistiu diante do olhar de Júlio, que parecia lhe suplicar para que ela não falasse nada. Lucas, ao ver que seus amigos se esforçavam para não enchê-lo de perguntas, respirou fundo e pôs-se a relatar:

— Quer dizer... Servo fiel era o que você, Júlio, acreditava que eu fosse. Como sabe, nasci e fui criado como colono. Crescemos juntos e, quando se casou, fez questão de que eu trabalhasse para você e, como seu criado de confiança, tinha acesso a sua casa. Eu via como você tratava Aline, sempre frio e alheio a tudo o que dizia respeito a ela. Aos poucos fui me apaixonando por Aline. Eu a desejava do fundo de minha alma, queria possuí-la, tê-la em meus braços. Muitas vezes pensei em matá-lo, mas Aline nunca demonstrara nenhum sentimento por mim. Tratava-me bem dentro da educação e posição social que ocupava. Eu, louco por aquele amor não correspondido, fiquei transtornado, e, aproveitando-me da situação de servo de confiança, passei a possuir as filhas de colonos forçosamente. Em minha mente doentia, passei a ver as mulheres como um objeto de desejo, disponíveis para me dar meu prazer...

Lucas fez uma pausa para respirar e seguiu em frente:

— Quando veio me contar o que planejava fazer com Arnom, concordei em ajudá-lo sem hesitar. Naquele momento me senti feliz. Você ficaria com Olívia e eu iria atrás de Aline, me declararia apaixonado, e ela, por ter ficado em situação difícil, acreditaria no meu amor, e juntos fugiríamos para bem longe.

— Mas não foi o que aconteceu. – Aline tinha lágrimas nos olhos, e, antes que Júlio pudesse questioná-la, disse: – Quando você me expulsou de nossa casa, fiquei desesperada, não entendia o que havia acontecido. Acreditava que fora vítima de alguém, mas não passara em minha mente que fosse você quem armara aquela cilada. Sem saber para onde ir e o que fazer da vida, pus-me a andar sem direção.

"O dia já amanhecia quando avistei a charrete que Henry conduzia com o cadáver do cigano. Ele, ao me ver, parou os cavalos e desceu. Naquele momento, acreditei que você havia pensado melhor e percebera que eu seria incapaz de tal atitude. Henry foi ao meu encontro com um sorriso nos lábios e, como um louco, me agarrou e começou a me beijar e me abraçar. Com muito custo consegui me desvencilhar dele, que ao ver a minha repulsa começou a gritar e me ofender. Em seguida, subiu na carruagem e sumiu das minhas vistas. Depois desse gesto, passei a acreditar que fora ele quem colocara o cigano em nosso quarto."

Aline se calou. Os três ficaram em silêncio por alguns minutos, cada qual absorto em seus erros passados. Foi Lucas quem falou primeiro:

— Agora que já sabem toda a verdade, não ficarei magoado se não quiserem mais a minha amizade.

— Ora, Lucas, deixe de bobagens. Todos erramos. Lembro-me de que muitas vezes cheguei a pensar em como a vida havia sido injusta comigo. Enquanto Júlio, meu marido, era indiferente, você mostrava-se atencioso e bondoso. Cheguei a pensar várias vezes que se fosse meu marido com certeza eu seria feliz.

— Então você me perdoa, Aline?

— Nós o perdoamos e também pedimos o seu perdão – respondeu Júlio.

Os três se abraçavam, e Suzana entrou no local, dizendo:

— Vejo que colocaram o passado a limpo. Agora é viver o presente. Espero que tenham aprendido a lição.

— E aprendemos. – Aline enxugou algumas lágrimas de felicidade que caíam insistentemente por suas faces. – Sabe, Suzana, hoje percebo que tudo o que aconteceu conosco foi causado pela falta de diálogo. Não tivemos coragem no passado de expressar em palavras o que sentíamos e pensávamos. Sei que não era um costume da época, quando o homem mandava e a mulher obedecia, ocultando seus sentimentos e desejos, mas poderíamos ter ousado mais, sido sinceros. Com certeza, poderíamos ter evitado todo esse sofrimento.

— Mas agora é bola pra a frente. – O comentário de Lucas fez todos rirem com o jeito dele.

Os três se abraçaram mais uma vez. Em seguida, Suzana abraçou o casal calorosamente. Os quatro saíram do hospital. Ao chegarem ao jardim externo, Suzana parou, olhou para o céu e fez sentida prece de agradecimento. Voltando-se para Lucas e Aline, que estavam de mãos dadas, afirmou:

— É chegado o momento das despedidas. Vocês agora conhecerão novos lugares no astral, onde terão oportunidades de adquirir conhecimentos e se preparar para novas experiências na matéria. Não sei se poderão se encontrar na próxima encarnação. Isso terá de ser analisado no departamento reencarnatório, mas tenho certeza de que, quando conseguirem passar pelas provas necessárias na carne, se reencontrarão e serão felizes juntos.

Uma discreta lágrima caiu pela face de Suzana, que após dar mais um abraço no casal e esperar que eles se despedissem de Júlio, os deixou à espera da diligência que os levaria para a colônia e seguiu seu caminho em prece, pois sabia o que viria nas próximas horas.

Voltemos algumas horas no relógio do tempo...
Sandra dirigia seu automóvel, pensativa, o coração oprimido. Lembrou-se de Júlio e dos momentos que passaram juntos.

— Como fui leviana! – disse a si mesma, ao rever cenas íntimas que insistiam em passar por sua mente.

O crepúsculo descia sobre a terra, formando mais um espetáculo de rara beleza no céu, como na maioria das tardes de final de primavera. Sandra estacionou na frente do hospital psiquiátrico onde, após entrar e se identificar, foi conduzida ao quarto de Mário, que estava sentado na cama à sua espera. Ele, ao vê-la, mediu-a de cima a baixo, dizendo em seguida:

— Como vai, Sandra? Quando me disseram que queria me visitar, não acreditei.

— Pois aqui estou! – Sandra se aproximou para lhe dar um beijo na face.

Mário, ao perceber sua intenção, se esquivou.

— Eu prefiro que não se aproxime.

Sandra recuou. Embora não estivesse acostumada com a rejeição, entendeu os sentimentos do ex-namorado e, sem perder tempo, pôs-se a falar:

— Pedi autorização dos órgãos competentes para vir me despedir de você. Sabe, Mário, eu fiz muitas bobagens nesses últimos anos e estou tentando consertar algumas delas.

Sandra fez uma pequena pausa para respirar. Ao ver os olhos de Mário fixos nos seus, prosseguiu:

— Quero lhe pedir perdão. Quando nos conhecemos, eu achei você interessante, por isso resolvi unir o útil ao agradável. Estaria namorando um homem bonito, bem relacionado e, ao mesmo tempo, teria um aliado contra Olívia. Mas o tempo foi passando. Eu havia conseguido o meu intuito; Olívia fora apontada como assassina do marido e não mais me ameaçava... e você tornou-se um estorvo em minha vida...

— Aí você quis me jogar fora, só não contava com o meu ataque de loucura, o que fez com que seus planos fossem por água abaixo.

A resposta de Mário desconcertou Sandra, que por segundos pensou em sair correndo dali, mas controlou-se.

— É verdade, mas se pensa que essa situação foi ruim, está enganado. Graças ao que você fez, me dei conta de que a maldade não leva a lugar algum e que o ódio atrai dor e sofrimento.

Mário se espantou com aquilo. Sandra naquele momento demonstrava-se doce e frágil como nunca vira antes. Seus olhos denotavam sinceridade, o que o fez falar com a voz embargada pela emoção:

— Também estou arrependido do que fiz. Fui mesquinho, só pensei em colher os louros da minha profissão e nunca me preocupei com os outros. Eu me divertia com o sofrimento alheio e muitas vezes ganhava a primeira página do jornal distorcendo os fatos e tornando ainda piores os dramas dos outros. Se diz que o que fiz com você acabou por ajudá-la, o mesmo posso lhe dizer, pois essas semanas neste lugar fizeram com que eu refletisse em minha vida. Só não posso garantir que vou reparar meus erros porque não sei quanto tempo ainda ficarei aqui. Mas um dia estarei livre novamente e farei da comunicação um meio de ajudar o próximo, e não mais para destruí-lo.

Sandra pôs-se a chorar ao ver os olhos de Mário cheios d'água. Naquele momento os dois sentiram uma energia gostosa no ar e, sem falarem mais nada, se abraçaram demoradamente. O que eles não puderam perceber foi a presença de seus mentores que havia muito lutavam para vê-los no caminho do bem. Quando Sandra se afastou, enxugou o rosto, dizendo em seguida, com um sorriso nos lábios:

— Bem... Falta pouco para eu reparar parte dos meus erros com Olívia. Depois disso, pedirei permissão ao juiz para mudar de estado. O doutor Edson me disse que será fácil o magistrado aceitar o meu pedido, uma vez que deixarei um endereço e me colocarei à disposição da justiça para eventuais audiências, então creio que não nos veremos tão cedo.

Sandra estendeu a mão para Mário, que a apertou com firmeza. Em seguida aproximou-se do rosto de Sandra, dando-lhe um suave beijo.

— Seja feliz e não deixe de se corresponder comigo!

— Prometo! Nós nos comunicaremos por e-mail quando voc~e sair daqui e, enquanto isso não acontece, lhe mandarei cartas. Ah! E seja feliz também. Vou aprender a rezar, assim poderei lhe enviar boas energias.

Mário deu uma piscada para Sandra, que, após lhe dar mais um beijo carinhoso na face, saiu do quarto, feliz por ter se acertado com Mário.

20

CASO ENCERRADO

Passava das oito da noite de terça-feira quando Suzana e Júlio entraram no Le Voyeur. No lugar havia poucas pessoas. Júlio, estranhando a movimentação da casa noturna que conhecia como ninguém, comentou:

— Hoje é dia de cantores de bossa-nova. Era pra este lugar estar bem movimentado.

Suzana não respondeu, limitando-se a analisar o local detalhadamente, o que fez com que Júlio lhe perguntasse curioso:

— Por que me trouxe aqui? Não há mais nada nesta boate que me atraia.

— Disso eu sei, mas contenha a curiosidade. Em poucos minutos saberá por que veio.

Júlio mordeu o lábio, nervoso. Suzana estava estranha fazia alguns dias. Sentia nela certa aflição, como se algo a incomodasse, mas não quis questioná-la, para não ser indelicado. Embora a estimasse, não se sentia no direito de entrar em sua intimidade. Assim, ficou a observar uma cantora que acabava de subir ao palco, esquecendo-se momentaneamente de tudo a sua volta.

Olívia preparava um lanche na cozinha, distraída, quando Felipe entrou apressado no local, dando-lhe um abraço forte e dizendo:

— Estou faminto! Esses lanches serão insuficientes para mim.

— Deixe de ser guloso, Felipe. Caso os sanduíches não saciem sua fome, farei outros.

Felipe não se conteve. Olívia o tratava com tanto carinho que, sem pensar duas vezes, pôs-se a beijá-la sem parar. Em seguida, sentou-se à mesa e pôs-se a comer. Olívia o olhava atentamente.

Felipe era carinhoso com ela, sempre a elogiava e a tratava com respeito, o que para Olívia se tornara primordial. A cada dia que passava, ficava mais convicta de que encontrara o homem dos seus sonhos. Felipe, ao vê-la a observá-lo com os olhos brilhantes, quis saber:

— O que foi? De repente ficou pensativa.

— Estou pensando em nós dois, em como Deus foi generoso comigo, permitindo que você aparecesse em minha vida.

Felipe parou de comer. Por instantes sentiu seu coração se encher de uma emoção nunca experimentada antes. Ouvir aquelas palavras da mulher que amava era maravilhoso.

— Você é que é uma bênção para mim! – E levantou-se da cadeira, indo na direção dela para lhe beijá-la, parando apenas ao ouvir o toque do telefone.

Olívia correu para a sala.

Quando voltou à copa, foi logo dizendo:

— Era Ivone ao telefone. O estado de saúde do senhor Luiz se agravou. Eu disse a ela que iríamos para lá para ficar a seu lado, uma vez que Sérgio está trabalhando. Tudo bem?

— Claro! Vamos agora mesmo. Não é bom deixarmos Ivone sozinha numa hora dessas.

— Só vou pegar a minha bolsa no quarto. – E Olívia se retirou. Quando retornou, vinha falando com Edson ao celular.

Em poucos minutos os dois estavam no hospital. Ivone, que se achava no corredor à frente da porta do quarto, ao vê-los, correu para abraçar a amiga, dizendo em lágrimas:

— Os médicos levaram o senhor Luiz para a UTI. Estou tentando falar com Sérgio, mas não consigo. Na delegacia disseram que ele está em serviço na rua e que não poderá receber ligações.

— Acalme-se! Vamos fazer uma prece e pedir a Deus que ajude o senhor Luiz neste momento. É o que podemos fazer. Quanto a Sérgio, tenho certeza de que, assim que puderem lhe transmitir o seu recado, ele virá para cá. – Felipe procurava acalmar os ânimos.

Os três fecharam os olhos. Cada qual fez uma prece à sua maneira, em silêncio, e ficaram a espera de notícias dos médicos.

Sandra respirou fundo ao entrar na casa noturna. Estava linda, trajando um vestido preto tomara que caia, segurando uma pequena bolsa que combinava com a roupa e o sapato. Seu jeito altivo parecia ter retornado num passe de mágica. Nem de longe lembrava a mulher humilde que falara com Mário horas atrás. E, sem pensar em nada, foi ao encontro de Marcelo, o garçom, que ao vê-la mediu-a de cima a baixo, cumprimentando:

— Boa noite, Sandra! Há quanto tempo não a vejo... Senti sua falta.

— Posso imaginar. – Sandra sorriu, tentando ocultar o que se passava em seu íntimo. – Já arrumou uma mesa para mim?

— Claro! Por aqui. – E Marcelo a conduziu até um canto discreto do salão.

Júlio, ao ver Sandra se sentar, comentou com Suzana:

— Ela deve estar esperando alguém importante. Marcelo só reserva aquela mesa para clientes que não querem ser vistos por todos.

— É, está, mas não vamos nos prender a detalhes, Júlio. Observemos apenas.

Júlio se calou ao perceber que o momento não era apropriado para comentários fúteis. Ao ver o homem que se sentara à frente de Sandra após cumprimentá-la, abriu e fechou a boca. Suzana, não lhe dando tempo para indagações, o puxou pelo braço.

— Venha! Vamos nos aproximar mais um pouco. Quero que escute atentamente a conversa dos dois, mas não esqueça: controle suas emoções.

— Tudo bem!

Uma vez perto deles, Júlio pôde ouvir o que diziam.

— Ainda custo a crer que marcou este encontro, minha querida. – disse o homem, galanteador para Sandra, que, após mexer nos cabelos num gesto sensual, respondeu no mesmo tom de voz:

— Ora, Antero! Não sei por que o espanto. Desde que o vi pela primeira vez senti-me atraída por você. Só não dei confiança porque estava apaixonada por Júlio.

Antero mordeu o lábio. Desde que Júlio o apresentara à amante, não a tirara mais da cabeça. Sonhara em tê-la em seus braços e possuí-la com ardor. Várias vezes se insinuara para Sandra, que sempre o esnobava. E agora ela estava ali, diante dele. Assim, sem hesitar, passou a mão pelas mãos dela, dizendo:

— Você agora vai saber o que é ser amada por um homem de verdade. — Antero ia se levantar para colocar a cadeira próxima à dela quando Sandra o impediu.

— Não seja precipitado, meu querido! Por enquanto acho melhor não nos expormos. A polícia continua na minha cola e não confio em Marcelo. Sei que ele é seu homem de confiança, mas não gosto dele.

— Está sendo injusta. Não o conhece direito. Ele me serve há anos, fidelidade é seu ponto forte.

— É, pode ser... – respondeu Sandra, quase sussurrando. Em seguida, mais séria: — Talvez eu tenha um pouco de medo dele. Sei que foi Marcelo quem assassinou Júlio, por isso sinto arrepios só em vê-lo.

Antero empalideceu com o comentário de Sandra, mas procurou disfarçar, tomando um gole do uísque que estava sobre a mesa. Júlio, ao ouvir as palavras de Sandra, espantou-se. Ia começar a falar quando Suzana colocou o dedo nos lábios, pedindo silêncio. Antero, após alguns segundos de reflexão, indagou:

— Quem lhe disse que foi Marcelo? Todos sabemos que foi Olívia, a esposa traída e humilhada, que assassinou Júlio friamente!

Sandra abriu um falso sorriso.

— Não precisa fazer gênero para mim, querido! Estou do seu lado. Desde o primeiro momento sei do que estou falando. Estive com Júlio na noite que antecedeu sua morte. A esta mesma mesa, conversando, ele me deu o fora. Eu estava furiosa. Fingi que fui embora porque queria saber com quem ele estava se encontrando. Foi quando vi você sentar-se à mesa. Não pude escutar o que diziam, mas percebi que discutiam. Quando você se levantou, chamou Marcelo a um canto e sussurrou algo em seu ouvido, saindo em seguida. Júlio ainda ficou por algum tempo bebendo, antes de deixar este local. Já na rua, eu o segui discretamente em um táxi, mas não era a única. Marcelo também o seguia com seu automóvel, um pouco mais à minha frente. Ambos vimos Júlio pegar uma garota de programa na rua Augusta e levá-la a um motel, de onde saiu duas horas depois. Eu, com muito ódio, só pensei em ir para a minha casa e pensar em uma maneira de me vingar, mas Marcelo continuou seguindo-o. Logo, é só juntar as peças. A tonta da Olívia não consegue matar nem uma barata, então cheguei à conclusão de que foi Marcelo quem fez o serviço.

Um brilho indefinido passou pelos olhos de Antero. Sandra era astuta. Desde o início sabia a identidade do verdadeiro assassino e não o entregou, sinal de que estava sendo verdadeira ao dizer que gostava dele. Além de bonita e inteligente, também era confiável.

— Você está certa, Sandra. Júlio fazia alguns serviços para mim. Tenho um cassino clandestino bem embaixo de nossos pés. Júlio me trazia alguns clientes, pessoas em quem ele confiava e que gostavam de jogar como ele. Só que Júlio, como todo viciado em jogos, era compulsivo, perdia mais do que ganhava e estava sempre me devendo, até que naquele dia resolvi cobrá-lo. Eu já não estava mais satisfeito com seu trabalho, havia deixado Marcelo em alerta para liquidá-lo a uma ordem minha. Naquela noite, discutimos. Júlio disse que ia me pagar o que devia e que eu não perderia por esperar. Entendi isso como uma ameaça e dei ordem a Marcelo para eliminar o problema. Ele, muito eficiente, já sabia do que acontecia entre Júlio e a esposa. Algumas noites antes da data do crime, pegou disfarçadamente as chaves da casa de Júlio, que, bebendo, não deu falta do molho, fez uma cópia e as devolveu algumas horas depois, sem que ele percebesse nada. Aí era só esperar a minha ordem. Naquela noite Marcelo, após segui-lo, esperou-o entrar em casa. De onde estava, pôde ouvir a discussão do casal e ver as luzes se apagando. Horas depois, Olívia saiu, e ele entrou na casa, claro que com luvas para não deixar suas digitais, pegou uma faca de cozinha e desferiu o golpe certeiro em Júlio, que dormia e acordou para morrer. Tudo planejado minuciosamente para as suspeitas recaírem sobre a esposa. Um crime perfeito!

Sandra abriu um sorriso malicioso, ao comentar:

— Você é um gênio, Antero! Adoro homens assim!

Antero pegou a mão de Sandra e a levou aos lábios, beijando-a com carinho. Em seguida, fez com que ela se levantasse, dizendo:

— Venha, vou lhe mostrar o cassino!

Sandra sorriu, mostrando-se encantada, e o seguiu. Antero a conduziu para trás do palco, onde dois seguranças estavam de plantão. Um deles, ao vê-lo, passou discretamente o pé sobre um piso do chão e uma porta falsa se abriu, mostrando um luxuoso hall, que começava bem atrás do palco. Antero, de mãos dadas com Sandra, adentrou o local, e eles desceram por uma escadaria ornamentada com luxo.

Ao chegar ao subterrâneo, Sandra ficou abismada com o que viu. Era a primeira vez que pisava em um cassino. O local estava cheio, várias pessoas jogavam nas máquinas de caça-níquel. Ao fundo, alguns grupos se dividiam em mesas de pôquer. Na roleta, homens e mulheres se divertiam com os números. Antero, ao ver o olhar de Sandra perdido, pegou-a pela cintura, forçando-a a beijá-lo nos lábios. Em seguida, comentou:

— Case-se comigo e será dona do meu coração e deste império!

Sandra mordeu o lábio, nervosa. Sentiu o coração disparar, não pelo pedido feito por aquele homem, por quem nutria verdadeiro asco, mas por aquela história estar indo longe demais.

"Meu Deus, onde está Sérgio?!", perguntou a si mesma.

– Ora, Antero! Vamos com calma! Uma coisa de cada vez. Aceito namorá-lo, casamento só com o tempo.

Antero não conteve a alegria e a beijou várias vezes, para tortura de Sandra, que fazia de tudo para ocultar o seu nojo. Enquanto isso, Sérgio, dentro de um furgão ao lado de Edgar e mais dois policiais, na escuta, comentou:

— Chegou a hora. Vamos acabar com essa quadrilha.

Edgar consentiu com a cabeça. Os dois desceram do automóvel. Vários policiais, entre militares e de forças táticas, já estavam posicionados. A um gesto de mão de Edgar, invadiram o local. Vladimir, um dos investigadores à paisana dentro da boate, de olho no movimento, ao ver todos os funcionários do salão principal rendidos pela policia, aproximou-se de Sérgio, dizendo:

— Sandra entrou com Antero em uma porta secreta atrás do palco.

Em poucos segundos, Vladimir relatou tudo o que vira. Sérgio chamou alguns policiais e, após pegar o segurança apontado por Vladimir, o fez levá-lo até a entrada do cassino, onde surpreendeu a todos. Antero, sem tempo para criar uma defesa, ao se ver algemado junto com os outros da quadrilha, olhou para Sandra, dizendo com os olhos cravados nos dela, cuspindo fogo:

— Desgraçada! Você me paga!

— Não, Antero! Quem vai pagar é você pelos crimes cometidos. Só espero que o tempo que passar atrás das grades seja suficiente para que você, assim como eu, reveja suas atitudes e perceba que o mal que fazemos aos outros volta para nós com muito mais força, cedo ou tarde!

Antero ia retrucar, mas o policial o pegou com força e o conduziu para fora da boate. Sandra ainda pôde ver

Marcelo saindo algemado, de cabeça baixa. A essa visão, olhou para o céu, dizendo baixinho:

— Espero que possa descansar em paz, Júlio! Seu assassino finalmente foi descoberto e irá pagar pelo crime que cometeu. Quanto a mim, espero que me perdoe.

Júlio, a seu lado, com lágrimas nos olhos, aproximou-se de Sandra, dando-lhe um abraço fraternal e falando-lhe ao pé do ouvido:

— Eu é que lhe peço perdão por tê-la usado. Espero um dia poder me redimir com você por isso.

Suzana, ao ouvir as palavras do amigo, comentou:

— Sandra hoje deu mais um passo para se redimir. Enfim usou sua beleza e seu charme para o bem. Tenho certeza de que ainda será muito feliz.

Júlio não respondeu. Seus sentimentos estavam confusos, nunca imaginara que fora Antero o mandante de seu assassinato e que Marcelo, por quem nutria verdadeira estima, o matara. Mas não sentiu ódio deles; ao contrário, estava apiedado. Porém, diante daqueles acontecimentos, precisava rever sua maneira de pensar. Suzana, ao perceber o que ia no íntimo de Júlio, pegou-lhe as mãos, dizendo:

— Vamos! Ainda tenho um compromisso antes de voltarmos à colônia.

Júlio abriu um sorriso discreto e os dois volitaram para longe dali.

Era madrugada quando os carros da polícia chegaram ao distrito policial, trazendo a quadrilha. Edson, que estava à porta da delegacia, ao ver os policiais fazendo um cordão de isolamento para impedir a aproximação da imprensa, que já ficara a par do que acontecera na casa noturna, sorriu. Aquele era um sinal de que tudo saíra conforme o planejado.

Sérgio passou por ele, limitando-se a balançar a cabeça em sinal de positivo. Quando Sandra se aproximou da porta do distrito acompanhada de dois policiais, postou-se à sua frente, dizendo:

— Pelo visto você conseguiu!

— O que não consigo, meu querido Edson? – respondeu Sandra, brincaçhona.

Edson deu uma risada e entrou no local. Os dois policiais que acompanhavam Sandra, ao se verem dentro do distrito, os deixaram a sós. Sandra se aproveitou do momento para contar a Edson em detalhes tudo o que aconteceu. O advogado a ouvia, atento. Ao vê-la terminar sua narrativa, comentou:

— Você foi muito corajosa. Se Antero tivesse desconfiado por um segundo do seu intuito, estaria frita.

— Disso eu sei, mas gosto de fortes emoções. E depois, a paz que estava sentindo em meu coração por ajudar Olívia a sair do enrosco em que eu mesma ajudei a colocá-la me deu mais coragem. Só espero que com esse meu gesto o juiz me libere para que eu possa sair do estado. Antero é um homem influente, pode muito bem se vingar de mim em um estalar de dedos.

— Bem, você já sabe que seu caso é um pouco delicado. Não se esqueça de que sabia que o provável assassino de Júlio era o garçom de Antero e ocultou isso em seu depoimento, logo, tornou-se cúmplice de Marcelo. O que vou fazer é conversar com o promotor do caso junto com Edgar, que prometeu endossar o que direi, e alegar que você não contou o que sabia por medo de Antero. Uma vez sentindo-se segura, você procurou Edgar, revelando o que sabia, o que foi crucial para o esclarecimento do caso. E, acredite, isso pesará muito para uma decisão da promotoria em indiciá-la ou não como cúmplice.

Sandra ficou pensativa. Se fosse indiciada, pagaria sem reclamar pelos erros cometidos perante a lei. Fora maldosa e inescrupulosa, mas procurara rever suas atitudes. Ao menos em sua consciência considerava redimida com o que fizera naquela noite. Edson, ao vê-la com os olhos perdidos, a chamou à realidade:

— Não é hora de pensamentos negativos. Vamos entregar seu caso à providência divina, que saberá exatamente o que será melhor para o seu aprendizado. Agora, devemos ir à sala de Edgar. Ele, com certeza, irá querer tomar nota de seu depoimento.

O dia já estava clareando quando enfim todos os depoimentos foram tomados. Antero negava ser o dono do cassino e, mesmo com a conversa que tivera com

Sandra gravada, negava seu envolvimento no assassinato de Júlio.

Marcelo, por sua vez, com medo de se complicar ainda mais com a polícia, decidiu cooperar com as investigações, uma vez que Edgar prometera pedir redução de sua pena. Ele confessou o assassinato, dando com riqueza de detalhes seu depoimento sobre o ocorrido, não deixando nenhuma sombra de dúvidas quanto à autoria do homicídio.

O delegado ainda ouviu os funcionários da casa noturna e chegou à conclusão de que todos sabiam do que acontecia naquele local, e os indiciou cada qual em seu devido artigo, de acordo com o envolvimento de cada um.

Quando Sérgio, enfim, se viu livre de seus compromissos no trabalho e foi ao escritório de Edson, que o esperava para lhe contar sobre o estado de saúde do senhor Luiz. Ao vê-lo de banho tomado, sem o colete da polícia, o advogado o inteirou do que estava ocorrendo, e ambos foram para o hospital, onde encontraram Olívia e Ivone sentadas no sofá da sala de espera. Ivone, ao ver o namorado, foi abraçá-lo, dizendo:

— O estado de saúde de seu pai piorou. O doutor Aníbal deseja falar-lhe.

Sérgio abraçou Ivone, que procurou lhe passar energias positivas com o abraço, e saiu em seguida à procura do médico.

O doutor Aníbal foi claro. A doença piorara e, devido à idade de Luiz, pouco se poderia fazer. Sérgio pediu autorização para ver o pai, o que foi concedido de pronto, e, após colocar a roupa do hospital, entrou na UTI.

Sentiu o clima tenso daquela sala. Luiz, deitado, respirava com a ajuda de aparelhos, de olhos semiabertos, perdidos no espaço. Sérgio passou afagou a mão do pai, que, ao ver o filho à sua frente, esforçou-se para abrir fitá-lo e tirou a máscara de oxigênio com a ajuda de Sérgio.

Luiz observava Sérgio. Seu filho se tornara um homem que o enchia de orgulho. Com certeza iria casar-se com Ivone, a quem amava, e logo aumentariam a família com a vinda de seus herdeiros. Como pai, fizera sua parte. Naquele momento, sentiu que mais nada lhe prendia àquele corpo carnal, cansado pelos longos anos de existência. E, como num passe de mágica, sua visão se abriu para o plano espiritual, e pôde ver duas enfermeiras lhe ministrando algumas energias, que ele, naquele momento, não conseguia decifrar o que seria.

Mais afastada um pouco, estava Suzana, linda como nos seus últimos anos na carne, antes da doença que a separou dele. Ela, a um gesto de uma das enfermeiras, aproximou-se de Luiz. Após fazer-lhe um carinho na face, comentou:

— É chegado o momento pelo qual tanto esperou, meu querido! Saiba que fez o melhor por nosso filho e que estou feliz por você ter o merecimento deste momento.

Luiz sentiu uma forte emoção em seu coração. Nunca imaginara que teria aquele momento de alegria em sua hora derradeira. Olhou para Sérgio, que, calado, analisava a fisionomia tranquila do pai, que disse com a voz embargada pela emoção:

— Sua mãe, filho! Ela veio me buscar.

— Psiu! Não fale nada, papai! Você tem de recuperar suas forças. Mamãe não veio buscá-lo. Talvez esteja tentando ajudá-lo a se recuperar. – Sérgio com um nó na garganta, tentava acreditar em suas palavras.

Luiz, sentindo sua vida se esvair, pegou com dificuldade a mão do filho e a segurou firme, dizendo num último suspiro:

— Fique com Deus! Eu te amo, filho!

Luiz abriu um leve sorriso e fechou seus olhos para aquela existência na carne. Sérgio, num gesto instintivo, começou a chacoalhar o corpo do pai, chorando compulsivamente. O que ele não pôde ver foi o beijo de Suzana em seu rosto, antes de, com a ajuda das enfermeiras e a presença discreta de Júlio, levar Luiz para um hospital do astral maior.

Alguns dias depois...

Olívia chegou à cafeteria, pensativa. Agora que estava de fato retomando sua vida, precisava ter uma conversa franca com Joseval. Ao vê-lo atrás do balcão, como de costume, cumprimentou-o e disse-lhe:

— Bom dia, Joseval! Preciso falar com você em particular.

Joseval sentiu o coração se apertar. Olívia o tratava bem, mas com algumas reticências. Por segundos acreditou que seria demitido. Após responder ao cumprimento com voz trêmula, seguiu-a até a saleta onde eles faziam a contabilidade do estabelecimento.

Olívia se sentou, fazendo-o sentar-se à sua frente só com o olhar, e, após respirar fundo, foi direto ao assunto:

— Eu o chamei aqui porque preciso conversar seriamente com você. Quando assumi esta cafeteria, estava sem chão. Como sabe, Júlio me deixou esse comércio de herança e dois funcionários com os quais eu não tinha nenhuma afinidade. Quando casada, nunca quis saber deste lugar, mesmo porque Júlio não me permitia. No pouco que convivi com você, tirei minhas conclusões ao seu respeito. Achava-o frio, parecia que estava sempre escondendo algo, e por isso sempre o tratei com distância. Devo confessar que cheguei a acreditar que você havia assassinado Júlio e peço-lhe desculpas por isso.

Olívia fez uma pequena pausa ao olhar nos olhos de Joseval e ver que ele se esforçava para não sair daquela sala correndo.

— Aprendi muito com tudo o que me aconteceu. Não sei os verdadeiros motivos da vida para me colocar naquela situação, mas tirei várias lições, entre elas a de não tirar conclusões precipitadas a respeito dos outros. Hoje tenho esclarecimento suficiente para perceber que você é uma excelente pessoa, muito melhor do que eu como ser humano, pois com seu jeito calado não fala da vida alheia e não julga o seu próximo; além de ser um excelente funcionário, é claro.

Olívia abriu um sorriso. Joseval estava desconcertado. Ao vê-lo sem reação, obtemperou:

— Pois bem, eu o chamei aqui para lhe pedir perdão. Espero que consiga me perdoar de coração.

Joseval mordeu o lábio em sinal de nervosismo. Ele gostara de Olívia desde o primeiro momento em que a viu, mas, como sempre ela se mostrava arredia, passou a ter uma certa aversão a sua pessoa, limitando-se a manter um relacionamento estritamente profissional com a patroa.

— Não tenho do que perdoá-la. A senhora agiu de acordo com suas vivências e seus valores, e eu fiz o mesmo. Talvez o que tenha faltado entre nós tenha sido o diálogo, a conversa franca mesmo, mas essa falta de comunicação é comum entre nós, seres humanos, que sempre tiramos conclusões de acordo com nossas experiências de vida. Também tenho de lhe pedir desculpas por julgá-la mal em muitas ocasiões, mas isso faz parte do passado. Se ainda me quiser como seu funcionário, daqui para a frente poderemos mudar isso.

— Claro que quero! Não sei o que seria de mim sem você. – E Olívia o brindou com um belo sorriso.

Ela ainda pensou em lhe falar que em dois meses abriria uma filial e que o queria como gerente de sua nova loja, mas desistiu. Não era o momento oportuno para lhe fazer tal proposta. Assim, limitou-se a se levantar e estender-lhe a mão em sinal de amizade.

— De hoje em diante seremos sinceros um com o outro, combinado?

— Combinado! – Joseval suspirou, feliz.

Após apertar com força a mão estendida pela patroa, ele pediu licença e saiu para cuidar de seus afazeres, deixando Olívia com uma pilha de notas fiscais para contabilizar.

Alguns minutos depois foi a vez de Edson aparecer no escritório. Olívia, ao vê-lo, parou o que fazia e foi em sua direção. Após lhe dar um abraço fraternal, comentou:

— Que bom que veio me visitar! Eu já estava com saudade do meu advogado.

— Hum! Só do advogado? E do amigo, não? – brincou Edson, ao sentar-se na cadeira, sem cerimônia.

— Do amigo mais ainda. – Olívia se sentou de novo em seu lugar.

Edson, não querendo mais delongas, foi logo falando:

— Bem. Na verdade, hoje vim aqui como seu advogado mesmo. Acabo de chegar do fórum. O juiz acatou o pedido da promotoria e um novo inquérito será entregue ao juiz com o indiciamento dos verdadeiros assassinos de Júlio. Quanto a você, irá para o julgamento que já está marcado para o mês que vem, quando o juiz decretará sua inocência e você ficará livre de uma vez por todas da acusação de assassinato.

Olívia o encarou por alguns segundos.

— Você não sabe o quanto fico feliz com essa notícia, não só pelo fato de ser inocentada pela justiça dos homens, mas em saber que pela justiça divina consegui reparar os meus erros e aprender com eles.

— É assim que se fala! Tenho certeza de que, se conseguimos encontrar o verdadeiro assassino de Júlio, foi porque você aprendeu a lição que a vida quis lhe ensinar, do contrário estaria pagando pelo crime que nesta encarnação não cometeu.

Olívia não respondeu. Estava com o coração aliviado e feliz por poder viver sua vida tranquilamente. Naquele momento a única coisa que queria era comemorar sua liberdade e esquecer o passado. Sem pensar duas vezes, levantou-se, pedindo licença para o amigo, foi á cozinha e voltou em instantes segurando uma bandeja com sucos e guloseimas. Edson, ao ver os diversos doces e salgados expostos de forma impecável, comentou:

— Acho que fez confusão. Quem comeria todos esses petiscos seria o Felipe, e não eu!

— Não fiz confusão alguma. Acho que está trabalhando muito e com pouco tempo para se alimentar, portanto, coma tudo.

Os dois riram prazerosamente. Enquanto comiam os quitutes, conversavam, animados, sobre trivialidades.

Os minutos passaram rápido. Edson, após consultar o relógio, falou, tornando o tom de voz mais sério:

— Bem, minha amiga, o papo está ótimo, mas tenho de ir.

Edson colocou a mão no bolso do paletó, de onde tirou uma carta, que a entregou a Olívia.

— Isto é para você.

Olívia pegou o envelope. Após verificar o nome do remetente, disse:

— É de Sandra! Não estou entendendo o motivo disso.

— É muito simples. O promotor entendeu as razões que expus a ele para Sandra não ter denunciado a quadrilha antes, e só arrolou seu nome no inquérito como testemunha de acusação; e, em virtude de se tratar de marginais perigosos, liberou Sandra para mudar de estado. Seu novo endereço será mantido em sigilo, assim ela poderá recomeçar a vida sem medo de retalhações.

Olívia ficou pensativa. Sandra não contara o que sabia em seu primeiro depoimento só para prejudicá-la.

— Desculpe-me, Edson! Talvez eu esteja sendo maldosa, mas Sandra cometeu alguns crimes contra mim e acabou saindo ilesa dessa história.

Edson remexeu-se na cadeira no intuito de se acomodar melhor, antes de lhe responder.

— Não é bem assim. A justiça não sabe dos crimes dela. Quando Sandra me procurou para contar o que sabia, fizemos um acordo. Caso ela provasse o que acabava de me contar, eu faria de tudo para livrá-la de um processo na justiça. E ambas as partes cumprimos com nossas palavras. São comuns esses tipos de acordo. Mas acredite, Sandra se arrependeu de verdade de seus atos, e só por isso saiu ilesa. Como já havia comentado, se a justiça divina achasse que ela teria de responder a processos criminais para aprender e reparar seus erros, é o que teria acontecido. Creia, Olívia, que a vida tem sua forma de falar o que quer nos ensinar.

Edson ficou de pé. Queria deixar Olívia sozinha para analisar suas palavras. Após lhe dar um leve beijo na face, saiu.

Olívia olhou para a carta. Edson estava certo. Sandra a prejudicara, mas colocara a própria vida em risco para remediar o que fizera. O melhor que tinha a fazer era ler o que estava escrito e acabar de uma vez por todas com os sentimentos negativos que nutria por sua ex-subalterna. E, com esses pensamentos, abriu o envelope com cuidado, sentou-se na cadeira e pôs-se a ler:

Olívia,

Talvez quando estiver lendo esta mensagem, eu já esteja longe.

Sei que lhe fiz muito mal, fui invejosa e egoísta. Quis prejudicá-la de todas as formas. Hoje percebo que fiz o que fiz porque queria ser como você, mas, acredite, estou arrependida. Agora que estou liberada para começar uma vida nova, pretendo agir diferente e, quem sabe, me tornar uma pessoa melhor.

Para começar, estou me mudando para uma praia de pescadores em Santa Catarina, um lugar muito bonito, onde os moradores são simples e amigos uns dos outros. Escolhi esse local para morar o resto de minha vida porque pretendo aprender com os que ali vivem a ser humilde e deixar o materialismo e a leviandade de lado.

Espero que um dia possa me perdoar, Olívia, e quem sabe até me visitar quando estiver a passeio pela região. É só pegar o meu endereço com o doutor Edson.

Um forte abraço e seja feliz, pois você merece.
Sandra.

Olívia dobrou o papel, colocou-o sobre a mesa e fechou os olhos. Ao lembrar-se da fisionomia de Sandra, imaginou-a em volta de luzes coloridas e lhe desejou de todo o coração saúde e paz.

Naquele momento, experimentou uma emoção indescritível, pois perdoara a antiga rival de coração. Em seguida, foi cuidar de seus afazeres na cozinha da cafeteria, feliz por, enfim, ter seu coração livre dos sentimentos negativos.

21

UM BRINDA
À FELICIDADE

Alguns meses depois...

Felipe desceu os degraus de casa com um ar triunfante. Augusta, ao ver o filho de *smoking* azul-escuro, contrastando com o seu tom de pele, sorriu. Seu rebento estava lindo. Nunca imaginara que estaria viva para presenciar aquela cena um dia. Sua prole estava preparada para casar e constituir sua própria família.

Felipe, ao vê-la observando-o sem nada dizer, chamou sua atenção:

— E aí, mamãe, como estou?

— Lindo, meu filho!

Augusta sentiu o coração bater descompassado. Amava o filho, e vê-lo feliz era sua maior alegria, mas seu peito se apertou. Felipe, em poucas horas, não seria mais o seu menino, e sim um homem casado, e o medo de perder o carinho e o amor do filho para Olívia a fez cair em prantos. Felipe, percebendo o que ia no íntimo da mãe, a abraçou, dizendo:

— Mamãe, não fique assim! Hoje é um dia de felicidade. Daqui a pouco estarei casado com a mulher que amo, e morando a algumas quadras daqui. Já estou até imaginando a senhora lá em casa, fazendo bolinhos de chuva para os netos.

Augusta sorriu. Felipe lhe falara as palavras mágicas para reanimá-la. Em seguida, pegou um lenço e enxugou o pranto.

— Está certo. Vamos logo para esse casamento. Senão você acabará deixando a noiva esperando no altar.

Felipe abraçou a mãe e, em seguida, deixaram a casa juntos, cada um perdido em seus pensamentos.

Caía a noite. O céu estrelado parecia brindar a união de Felipe e Olívia.

Ivone chegou à bela casa que fora alugada para a ocasião. O lugar era lindo, havia um belo gramado cercado por um jardim de rosas vermelhas; no centro do gramado, um pequeno altar fora colocado com cadeiras postas em fileiras separadas por um tapete vermelho, por onde Olívia passaria triunfante diante dos olhos de amigos que ali estariam para testemunhar sua felicidade.

Ivone olhou ao redor. Os convidados chegavam e se instalavam confortavelmente nas cadeiras, todos ansiosos pela cerimônia. Sérgio, que chegou ao local acompanhado de Jurema, ao vê-la, foi em sua direção, dando-lhe um leve beijo nos lábios.

— Você está linda! Espero em breve poder estar a sua espera no altar.

— Eu também não vejo a hora de poder cuidar dos filhos de vocês, por isso, Ivone, acho melhor correr com o seu casamento. – E Jurema beijou-lhe o rosto.

Ivone sorriu.

— Acalme-se, Juju! Casamento só no ano que vem, e filhos, só para daqui a uns dois anos.

Ivone ia prosseguir, mas ao ver Felipe adentrar o local ao lado da mãe, voltou-se para Sérgio.

— O noivo chegou. Vamos cumprimentá-lo e nos posicionarmos em nossos respectivos lugares no altar; afinal, somos os padrinhos da noiva.

Sérgio pediu licença a Jurema, que foi sentar-se junto a outros convidados, pegou o braço de Ivone e saiu ao encontro de Felipe, que estava visivelmente nervoso. Em poucos minutos todos foram para o altar.

Olívia, que já estava mais de quinze minutos atrasada, chegou ao jardim de braços dados com Edson. A marcha nupcial começou a tocar. A noiva caminhava devagar, sorrindo para os convidados. Vários fotógrafos procuravam os melhores ângulos para clicá-la.

Felipe a olhou, emocionado. Olívia estava linda, com um vestido longo, cor-de-rosa, com uma pequena cauda que chegava a arrastar-se no chão.

Naquele momento fechou os olhos, agradecendo a Deus por colocá-la em seu caminho. Quando Edson a entregou, uma discreta lágrima caiu por sua face.

O juiz de paz deu início ao seu discurso.

Suzana, que assistia à cerimônia ao lado de Júlio, comentou:

— Hoje, Olívia e Felipe enfim ficarão juntos.

Júlio olhou para a amiga, feliz. Olívia conseguira provar sua inocência e iria, a partir daquele momento, ter um parceiro fiel que a amava de verdade. Para ele, restava aprender a viver no mundo espiritual para um dia poder regressar à matéria e, assim como Olívia, conseguir se limpar de erros passados para alcançar a paz de espírito desejada. No momento em que o casal assinou os papéis da união civil, Júlio fechou os olhos e volitou para bem longe dali, deixando no ar um clima de paz e harmonia.

A festa prosseguia, os convidados se divertiam entre danças e conversas. Já passava da meia-noite quando o casal cortou o bolo entre juras de amor e brinde com champanhe. Edson, após erguer a taça que o garçom lhe servira, para junto com os demais brindar à felicidade do casal, resolveu dar uma volta pelo jardim. Sentiu a necessidade de ficar um pouco a sós. Ao avistar um banco próximo a uma roseira, onde um casal de namorados acabava de levantar-se, decidiu sentar-se.

Sentiu o aroma gostoso das rosas, e cerrou as pálpebras por instantes. Ao erguê-las, pode ver a figura iluminada de Suzana à sua frente, com um belo sorriso no lábios, a dizer:

— Você é um amigo muito querido. Não esquecerei o que fez por nós.

Edson a ouviu claramente e lhe respondeu em pensamento: "Não fiz nada de mais. Só não gosto de injustiças. Olívia, além de ter sido apontada como a assassina do marido pela polícia, ainda teve a imprensa a condená-la".

— Você tem o coração nobre. Não acreditou no que os jornais publicavam, preferiu seguir sua intuição, e isso foi especial. Tudo o que mais desejo é que os encarnados parem de comprar como verdadeiro tudo o que a imprensa falada e escrita coloca na mídia.

"As pessoas precisam perceber que aquilo que elas leem foi escrito por um profissional que tem suas qualidades e defeitos como todos os seres humanos, e que não sabemos quais são suas reais intenções ao publicar uma matéria. E o principal, devemos procurar não julgar as pessoas pelo que lemos a seu respeito. Hoje, para se vender jornais e revistas e dar ibope a alguns programas televisivos, é necessário inventar e até distorcer um fato, sem falar em programas que têm como tema principal a violência.

"Quando damos audiência para esses programas, estamos de certa forma cultivando nossa crença na violência, passamos a nos sentir acuados, achando que a qualquer momento poderá nos acontecer o mesmo que vemos na tevê, e com isso vivemos com medo e atraímos infelicidades desnecessárias, esquecendo que há uma lei em movimento e que só nos acontecerá aquilo que permitirmos que nos aconteça.

"Pensar em coisas negativas, ler notícias desagradáveis e fúteis alimentam a nossa crença no mal, o que nos afasta da única crença que devemos ter, que é justamente a crença no bem, onde só há um poder: o de Deus.

"Quando os encarnados finalmente chegarem a essa conclusão e passarem a agir de tal forma, todas as lágrimas secarão e todas as dores se acalmarão. Um só pensar, um só coração, subirá até o alto para enfim a evolução total da alma. Viver PELOS CAMINHOS DA VERDADE é o primeiro passo para sermos felizes, não esquecendo, é claro, de outros valores, como o perdão, a caridade e o amor."

Suzana se calou, aproximando-se de Edson, que, emocionado, não conseguiu articular palavras, e deu-lhe um abraço fraternal, desaparecendo em seguida entre a brisa leve que soprava no ar.

Sérgio, ao ver o amigo sentado sozinho no banco, se aproximou, dizendo:

— Hoje não é dia para se isolar, Edson. Venha! Olívia e Felipe já estão se despedindo dos convidados. Vamos dar mais um abraço neles.

Edson levantou-se e, após dar um abraço no amigo, voltou para junto do grupo de convidados com o coração alegre por ter tido a oportunidade de palestra salutar com um espírito esclarecido.

Não tardou para Olívia e Felipe deixarem os convivas. Já no carro dos noivos, Felipe olhou para Olívia e tomou-lhe a mão, enquanto o chofer dirigia rumo ao hotel, onde o casal passaria a noite de núpcias, dizendo:

— Tudo o que quero é fazê-la feliz por todos os dias de sua vida.

— E vai conseguir, tenho certeza. Só o fato de acordar de manhã e ter sua presença ao meu lado já me fará sentir a mulher mais feliz deste mundo.

Felipe não se conteve e pôs-se a beijá-la várias vezes. Olívia naquele momento sentiu em seu coração que a felicidade no amor estava conquistada para todo o sempre.

EPÍLOGO

Anos depois...

Quatro madeireiras clandestinas são descobertas na Amazônia.

Ontem a polícia federal, junto com o Incra, prendeu dois madeireiros que agiam de forma ilegal na Amazônia. Nas madeireiras foram apreendidas toneladas de toras de madeira irregulares, graças à denúncia que fizemos esta semana em nosso jornal, em que mostramos campos enormes devastados, onde árvores são arrancadas em poucos minutos.

Essa foi uma pequena vitória na luta pela preservação de nossas florestas. Enquanto houver pessoas dispostas a ganhar dinheiro ilicitamente, prejudicando nossa flora e fauna, faremos nossas denúncias para que as autoridades competentes tomem consciência dos fatos e punam os culpados. Esse é o nosso compromisso com você, leitor, e com a sociedade mundial de um modo geral.

Mário Monteiro

— Muito boa a sua matéria, Mário! – comentou Roberto, ao enxugar a face suada diante o calor do Acre.

Mário, após pegar o jornal e dar uma lida rápida, respondeu:

— Ficou muito boa mesmo. Pena que dois madeireiros tenham conseguido fugir.

— Ora, Mário, pense positivo! Você está fazendo um excelente trabalho, denunciando crimes ambientais.

Mário ponderou. Desde que recebera alta do hospital para doentes mentais e terminou de cumprir sua pena na prisão comum, prometera a si mesmo que usaria seu dom em prol da humanidade, mas aquele trabalho era difícil. Muitas vezes denunciava criminosos que conseguiam escapar das garras da polícia em um passe de mágica. Eram raras as vezes que com suas denúncias a polícia conseguia prender os culpados.

Mas jurara não sossegar enquanto houvesse gente disposta a acabar com a natureza. Mesmo com ameaças constantes de morte, não desistiria.

— Sabe, Roberto, tudo o que eu mais queria era ver os denunciados em nossas reportagens atrás das grades. É uma pena que nem sempre seja assim, mas continuarei trabalhando, pois aprendi que andar pelos caminhos da verdade é trabalhar em prol do próximo, seja o que for que façamos, desde uma humilde dona de casa até um grande executivo. Buscando a verdade, procurando ser sinceros, podemos fazer um mundo melhor. Agora vamos! Ouvi dizer que haverá uma passeata organizada por uma ONG aqui perto, pedindo punição para quem agride a natureza, e não vamos querer perder isso por nada.

Mário deu um tapinha nas costas de Roberto, e ambos desapareceram pelas ruas, felizes por estarem fazendo o seu trabalho.

FIM

Um romance envolvente do espírito Madelena
Psicografia de Márcio Fiorillo

A vida parecia sem graça para Bruno e André, dois adolescentes de classe média que foram criados juntos. Ambos cursavam o terceiro ano do colegial, hoje ensino médio, quando se envolveram com um grupo de garotos da escola para irem a um show de rock'n roll. O que eles não podiam imaginar é que se envolveriam com o mundo das drogas, sendo influenciados por espíritos ignorantes que faziam de tudo para levar os garotos aos vícios. Mas a vida é sábia e, no momento oportuno, deixou Guilherme, um abnegado espírito que trabalha no plano espiritual em um hospital para dependentes químicos, ajudar os garotos a se livrarem da influência desses espíritos.